本书得到国家自然科学基金青年项目(71102088)、辽宁省教育厅
人文社会科学一般项目(W2013212)、辽宁省社会科学
规划基金项目(L13DJY064)和2014年度辽宁省
优秀人才支持计划(WR2014012)的资助

中国上市公司股权再融资决策研究：基于行为金融视角

连英祺 ◎ 著

中国社会科学出版社

图书在版编目（CIP）数据

中国上市公司股权再融资决策研究：基于行为金融视角/
连英琪著. —北京：中国社会科学出版社，2016.7
ISBN 978 - 7 - 5161 - 8608 - 4

Ⅰ.①中…　Ⅱ.①连…　Ⅲ.①上市公司—融资—研究—
中国　Ⅳ.①F279.246

中国版本图书馆 CIP 数据核字（2016）第 170109 号

出 版 人	赵剑英
责任编辑	卢小生
特约编辑	林　木
责任校对	周晓东
责任印制	王　超

出　　版	中国社会科学出版社
社　　址	北京鼓楼西大街甲 158 号
邮　　编	100720
网　　址	http：//www.csspw.cn
发 行 部	010 - 84083685
门 市 部	010 - 84029450
经　　销	新华书店及其他书店

印　　刷	北京明恒达印务有限公司
装　　订	廊坊市广阳区广增装订厂
版　　次	2016 年 7 月第 1 版
印　　次	2016 年 7 月第 1 次印刷

开　　本	710×1000　1/16
印　　张	13.25
插　　页	2
字　　数	200 千字
定　　价	50.00 元

凡购买中国社会科学出版社图书，如有质量问题请与本社营销中心联系调换
电话：010 - 84083683

内容摘要

本书试图基于行为金融学相关理论探讨我国上市公司存在的"股权融资偏好"现象。本书通过构建 OLS 回归模型和 PROBIT 面板模型，利用宏观、微观数据进行实证检验。结果显示，一方面，市场融资时机对我国 A 股市场整体股权再融资程度存在显著正向影响；另一方面，公司管理者过度自信的心理偏差与公司提出股权再融资预案概率之间具有显著正相关关系。这说明内、外部环境中决策参与主体的非理性心理偏差是导致股权再融资偏好的原因之一。在此基础上，本书就提高股权再融资行为的资源配置效率问题提出政策建议。

前　言

　　资本市场最基础的功能是将储蓄转化为投资，即为企业提供融资平台。上市公司利用股权再融资筹集经营活动所需资金，这本身无可厚非，问题是在制定相关融资决策时，上市公司普遍没能有效保护外部投资者利益，从而使得股权再融资被贴上"恶意圈钱"标签，这种乱象严重打击了投资者信心，影响了资本市场资源配置效率，引起监管部门高度关注，但时至今日，政策调控效果仍不理想。针对这种"股权融资偏好"现象，国内外学者展开过广泛讨论，提出了很多具有说服力的解释观点，已往的这些研究多是基于标准金融学理论展开，即在前提假设中认定相关经济主体是理性经济人，而将决策过程中人所固有的非理性心理偏差剔除在外，因此，其结论难免有偏颇之嫌。行为金融学以与现实世界拟合度更高的假设为研究基础，从新的视角审视不确定环境下资源在时间上的配置问题，与标准金融学相比，其分析框架更适合我国尚不成熟的金融市场。

　　本书旨在借助行为金融学的成果，针对影响我国上市公司股权再融资决策的部分非理性行为偏差展开理论探讨和实证检验，希望为以下问题找到合理的答案：中国 A 股市场中的上市公司的融资决策具有怎样的共性特征？这种特征对宏观、微观经济体具有怎样的影响效应？金融市场中外部投资者的非理性心理偏差是否影响以及怎样影响上市公司的股权再融资决策？内部决策主体的非理性心理偏差是否影响以及怎样影响股权再融资决策？本书共有七章，主要内容和结论如下：

　　第一，针对我国 A 股市场上市公司财务指标计算所得的描述性统计数据显示出明显的股权融资偏好，如果将分析范围精确到外源长期资金结构，那么公司对股权融资的热情表现得更为突出，这种资本结构特征无法得到标准金融学中经典资本结构理论核心观点支持，也显著异于发达金融市场中上市公司状况。我国资本市场这种特有的股权融资偏好虽然为经济发展贡献了推动力，但其负面影响更令人忧心，无论是对微观层面公司价值的亏损，还是对宏观层面市场资源配置效率的降低，都说明对这种异常的融资偏好必须进行研究、约束和纠正。

第二，心理学和行为学相关研究证明，人在进行决策时存在固有的心理偏差，它会诱使人们做出偏离价值最大化的选择。我国金融市场虽然历经20多年的高速发展，但总体还是处于完善期，在不成熟的市场背景下，非理性心理偏差对经济决策的干扰性更强，以经济主体非理性为假设前提构建起的行为金融学分析框架对我国问题更具适用性。通过理论论证和现实比较，我们认为，一方面，我国证券市场中由于制度缺陷和投资者有限理性，导致资产价格与价值时常发生明显偏离，具有信息优势的公司内部管理者将敏锐发现并利用这种有利的股权再融资时机窗口，在融资行为中表现出择时现象。另一方面，股权集中度过高、股权流动性过低、国有股占比偏大、国有股出资人缺位、经理人奖惩激励机制落后等不合理现状，使得我国上市公司股东、董事会和管理层之间缺乏必要的制衡和监督，代理成本偏高，对公司内部决策主体因认知偏差导致的非理性行为没有有效的制度加以约束和规避。综上所述，内、外部环境中融资决策参与主体的非理性心理偏差对股权再融资决策具有必然的、明显的影响。

第三，利用实证分析法，根据行为金融学理论，就部分非理性因素对股权再融资决策的影响进行了检验。实证检验结果为理论分析结论提供了数据支持，说明内、外部环境中决策参与主体的非理性心理偏差是导致股权再融资偏好的原因之一。在此基础上，就如何提高股权再融资行为的资源配置效率提出政策建议。

本书的研究思路和方法借鉴了前人的学术成果，在此基础上所做的贡献主要集中在以下三个方面：

第一，从资本结构领域的研究对象来看，现有关于股权融资决策的探讨绝大部分针对的是上市公司的 IPO 行为，或不将 IPO 与后续股权再融资（SEO）进行细致区分，专注于 SEO 的研究较少，即使是针对 SEO 的分析，由于事实上起到"延迟的股权融资"作用的可转债是近年才大规模发展起来的，所以，将其也纳入分析框架的研究并不多见，本书在考虑可转债融资方式基础上，关注我国上市公司的外源股权再融资决策，为该领域研究贡献了有针对性的成果。

第二，从管理者过度自信理论发展视角看，一方面，作为新兴理论，现有成果多以发达国家资本市场为背景研究而得，将其与我国发展中的资本市场现状相结合展开的讨论不多，而且鲜有学者运用该理论针对我国上市公司股权再融资决策进行直接研究，本书就此进行了尝试，丰富了该理论的研究内容和成果。另一方面，国内外的主流观点认为，具有过度自信特征的管理者将谨慎使用股权融资，鉴于过度自信是人固有的心理偏差，因此，相关结论与我国市场中存在的股权再融资偏好现象相悖。本书发现，管理者过度自信行为偏差与上市公司提出股权再融资预案概率之间存在明显正相关关系，即从融资意愿角度分析，过度自信的管理者倾向于使用股权再融资。这一结论为解释我国特有的股权融资偏好现象贡献了新的证据和思路，也为哈克巴思（Hackbarth，2008）的数理分析结论提供了实证数据支持。

第三，从借助市场择时理论对融资问题研究角度看，一方面，国外发达国家的金融市场成熟度较高，政府行政干预较少，所以在融资市场时机度量指标设计和选择方面，国外已有研究很少考虑政策性因素，只专注于度量投资者非理性所诱发的"市场误价"时机。而我国金融市场成熟度较低，股权再融资监管政策变动频繁，对上市公司融资行为有重要影响。因此，本书在相关指标的构建过程中尝试将监管者有限理性行为所导致的融资政策时机也考虑在内，借以更全面刻画上市公司在特定监管制度约束下所进行的择时决策，从而为相关研究提供有益参考。另一方面，始于 2005 年的股权分置改革对我国资本市场基础环境的改变具有重大的影响，从理论上说，它将极大地提高上市公司的外部治理效率，本书尝试从市场层面检验其对股权再融资决策的影响。虽然得出的是统计上不显著的结果，但我们的努力贡献了一个考察股权分置改革效果的新视角，即检验其是否能通过作用于公司的内外部治理机制而有效纠正异常的股权再融资偏好现象。

目　录

第一章　绪论

企业融资问题是金融学基础、核心、重要的研究领域，吸引了众多学者的关注。企业需要以恰当方式、成本和途径筹集经营活动所需的资金。融资决策受宏观、微观多方面因素的影响，也将通过多种不同的传导机制直接或间接反作用于相关经济主体和市场。本书以我国上市公司为研究对象，围绕其股权再融资决策问题展开讨论。

第一节　选题背景和意义

一　选题背景与问题的提出

美国经济学家罗斯（Ross）于20世纪70年代首次开始运用信息不对称理论对企业融资问题进行研究。随后，迈耶斯（Myers，1984）在对公司融资成本进行讨论时，也开始关注不对称信息的影响，继而提出"优序融资理论"，也称为"啄食顺序理论"。该理论的核心观点是：在面临资金需求时，企业的首选是内源融资，即留存收益；次选是外源融资。对于后者，企业认为，债权融资方式要优于股权融资方式。根据这一理论，企业将以非常谨慎的态度对待股权融资，基于国外发达的金融市场背景的实证研究结论也为该理论的成立提供了数据证据。我国情况与此相反，大量研究表明，我国上市公司具有强烈的外源股权融资偏好，这种强烈的热情同时表现在对待首次公开发行（Initial Public Offering，IPO）和股权再融资（Seasoned Equity Offering，SEO）态度上。时至今日，"股权融资饥渴症"已经成为我国证券市场上公认的顽疾，引起理论界和实务界的广泛关注。

相对于首次公开发行而言，上市公司对股权再融资决策更具有主动权，股权再融资的规模也不断创出新高。WIND 数据库提供的统计数据显示，我国股票市场中，2008—2010 年连续三年 A 股增发和配股的总融资额均超过了当年的全部 IPO 金额（包括 A 股和 B 股筹资），如果将具有股权再融资性质的可转债①发行量也计算在内，前者的规模更大。股权再融资对宏观、微观经济影响日趋重要。资本市场最重要的功能就是将储蓄转化为投资，即为企业提供融资平台。上市公司利用股权再融资筹集经营活动所需资金，这本身无可厚非，但问题是，在制定相关融资决策时，上市公司普遍没能保护好外部投资者利益，使得股权再融资被贴上了"恶意圈钱"的标签，这种乱象极大地削弱了市场参与者的投资信心，影响了资本市场资源配置的效率，引起了监管部门的高度关注。我们对上市公司股权再融资决策过程中的影响因素很感兴趣，希望能够通过本书的探讨，找到这种对整体市场发展具有明显消极影响的现象背后的原因，为优化相关经济决策贡献一些新的视角和思路。

针对股权再融资问题，国内外学者研究成果颇丰，但侧重点有所不同。由于国外上市公司没有表现出明显股权再融资偏好，因此国外学者在研究相关问题时，关注点主要集中于股权再融资决策如何影响公司价值，而对引发股权再融资原因的讨论并不多。国内学者在研究我国上市公司的股权再融资行为与公司市场价值的同时，也围绕我国金融市场中充斥的强烈的"股权再融资"热情，就股权再融资方式的选择、导致股权再融资偏好的原因，展开了广泛而深入的讨论。其中，针对股权再融资偏好的原因，现有研究成果主要从立足于资本市场环境的分析、公司内部特征的分析和考虑非理性心理偏差影响基础上的分析三个方面给出了解释。前两个方面的研究多基于标准金融学理论框架展开，即假设股权融资活动的相关经

---

① 本书将在"基本概念的界定"部分详细解释为什么将上市公司发行可转债视为其股权再融资方式之一。此处不赘述。

济主体在决策过程中是完全理性的。而现实世界中的资本市场并不完美，市场参与主体是有限理性的。现实与理论的差异，导致基于标准金融理论的研究对市场现象的解释力有限。行为金融理论的发展对标准金融理论提出挑战，也带来了新的研究思路。上述第三方面的研究，就是行为金融理论在本书研究中的一种应用。我国上市公司股权再融资偏好的成因非常复杂，相关研究结论存在较大争议，本书试图在行为金融学理论的分析框架内对该问题展开相对系统的讨论。

博迪和默顿在合著的经典金融学教材中，将金融学定义为研究人们在不确定环境中如何进行资源的时间配置的学科（博迪、莫顿，2000）。在这一领域中，目前主流的标准金融学以严谨的逻辑和数学推理构建起华美而严密的理论大厦，对现实金融现象进行了系统分析，为金融市场的运行规律提供了具有说服力的解释。建立在完全理性的投资交易行为和完美无瑕的金融市场假设基础上的标准金融理论（李心丹，2005），其成就有目共睹，但并不完美，日益增多的金融异象①促使学者们开始审视其存在的缺陷。艰苦而成果丰硕的探索主要沿着两条线索逐渐展开，周业安教授在他主编的《金融学前沿译丛》（2005）总序中将这两条线索总结为："一方面，在过去的金融理论模型中嵌入制度等因素，着重研究金融契约的性质和边界、金融契约选择与产品设计、金融契约的治理与金融系统演化、法律和习俗等制度因素对金融活动的影响等。另一方面，一些金融学家基于丹尼尔·卡尼曼②（Danniel Kahneman）等人

---

① 当针对稳定的金融市场所进行的实证研究结果，用标准金融学中的理性定价模型或有效市场理论无法得到良好解释时，人们就将其称为"金融异象"，如股票溢价之谜、盈余惯性和股利政策之谜等。

② 丹尼尔·卡尼曼和阿莫斯·特夫斯基（Daniel Kahneman and Amos Tversky）于1979年发表于 *Econometrica* 的论文 "Prospect Theory: An Analysis of Decision Under Risk"，第一次将认知心理学的研究成果和实验方法与经济学结合在一起，这被视为行为经济学兴起的起点。卡尼曼教授因其在该领域内具有开创性的卓越成就而成为2002年诺贝尔经济学奖获得者，诺贝尔奖委员会的颁奖词在描述他的成就时称，他把心理学研究的成果与经济学融合在一起，特别是在有关不确定状态下人们如何做出判断和决策方面的研究。

发展的非线性效用理论，开始引入心理学关于人的行为的一些观点，来解释金融产品交易的异常现象，比如，有限套利、噪声交易、从众心理、泡沫等，这些理论形成了现代金融理论中的行为学派，又称为'行为金融'。"行为金融学的研究在不断挑战和丰富标准金融理论框架过程中，有力推动了金融学科的发展。

作为金融学核心理论分支之一的公司金融学也开始不断地引入行为金融理论和研究方法，并逐渐形成了行为公司金融学（Behavioral Corporate Finance）。在这一研究领域中，学者们通常借助三组相互关联又具有明显差异的前提假设来探寻经济活动参与主体的有限理性对公司金融决策的影响。它们分别是：第一组假设外部金融投资者有限理性且公司内部管理者完全理性，将公司内部管理者的财务决策选择看作对外部金融市场资产定价偏差现象的理性反应，目前比较成熟的成果有市场择时理论和迎合理论。第二组假设外部金融市场投资者完全理性且公司管理者有限理性，在此基础上关注公司内部管理者的心理偏差对公司金融决策的影响，目前研究多集中在管理者过度自信理论方面。第三组假设是同时认为外部金融市场投资者和公司内部管理者均为有限理性，由于种种原因，这一分支领域的研究尚处于起步阶段。行为公司金融学的发展为研究我国资本市场存在的上市公司股权融资偏好问题提供了新的思路和视角。

我国《国民经济和社会发展第十二个五年规划纲要》明确提出："加快多层次资本市场体系建设，显著提高直接融资比重。积极发展债券市场……"金融市场的发展为企业融资提供了有力支持。与此同时，众多干扰市场资源配置效率的乱象都与企业的过度股权融资热情之间存在直接或间接联系，如粉饰报表包装上市、过度融资、募资投向随意变更、投资绩效不佳，等等。金融市场应该如何更好地为企业发展提供长期资金支持和治理制度保障？企业应该如何更有效率地利用资本市场所提供的股权再融资机会呢？本书将在行为金融学理论分析框架内，对影响我国上市公司股权再融资决策制定的相关因素进行多角度分析，力争通过理论论证和实证检验，找到融资乱象背后的症结所在，提出改革建议，优化公司融资决策制定的内外部环境，在提升企业微观经营绩效的同时，也促进宏观金融市场的健康发展。

二 研究意义

股权再融资是我国上市公司一种常见的融资行为，同时影响着微观企业主体和宏观证券市场的资源配置效率，对股权再融资偏好问题的关注和研究具有重要理论意义和实践意义。

（一）理论意义

从融资决策研究角度看，本书遵循行为公司金融学研究范式，分别从市场投资者有限理性和公司管理者有限理性两个方面进行理论探讨和实证检验，探寻了我国上市公司股权再融资偏好背后的成因，运用更贴近于现实的理论假设分析得出的结论，是对已有相关研究的进一步拓展、丰富和补充。此外，本书将可转债融资纳入研究范围，关注资本市场的新兴融资工具，以更宽泛的视野探讨企业外部股权再融资决策的成因。

从行为公司金融学研究角度看，行为公司金融学作为金融学的新兴理论分支，源于西方学术界，其现有的研究成果，几乎都是在针对成熟的西方金融市场中存在的金融异象进行研究而得来。这些理论是否对以中国金融市场为背景的经济行为具有解释力？还有待进一步检验。股权再融资偏好是我国资本市场有别于国外成熟金融市场的典型现象之一。本书的研究尝试对行为公司金融学研究的本土化贡献了一份绵薄之力。

（二）实践意义

从完善公司微观治理机制角度看：现代股份公司制度虽然被认为是现有企业组织类型中最先进的，但也存在很多难以克服的缺陷，尤其是所有权和经营权分离所导致的委托—代理问题。"过度自信"是职业经理人普遍存在的心理特征，它使得公司股权再融资决策是建立在对未来经营业绩预期失真假设的基础上，这种基于判断概率偏离校准的非理性决策会影响公司所有者利益。本书探讨了以经理层为主的公司内部决策主体的过度自信特征，相关结论将有助于发现公司非理性股权再融资决策的制定动机，完善公司治理机制中对管理者的激励约束措施，修正代理人的行为偏差，降低代理成本，更好地保护出资者利益。

从提高资本市场宏观资源配置效率的角度看，我国资本市场起步相对较晚，投资者与监管部门的成熟度都相对偏低，市场现状与标准金融理论研究普遍采用的强式效率型市场假设明显不符，与发达国家市场情况也显著不同。在此背景下，我国上市公司的经济行为也表现出一些独有的特征，如股权再融资偏好。本书在考虑监管因素的前提下研究了我国上市公司在股权再融资决策中所表现出的市场择时行为，相关结论有助于解释股权再融资偏好的制度性原因。在市场效率缺失的情况下，政府监管将是保证资源配置效率的必要手段，本书的研究可以为监管部门完善监管政策、提高监管效率提供参考。

综上所述，上市公司的股权再融资行为在宏观、微观层面都有重要影响，微观层面影响着企业本身的融资成本、控制权分配、现金流安排甚至是投资决策等方方面面，宏观层面会影响到资本市场整体的资源配置效率。本书以符合中国金融市场现实情况的理论假设为研究基础，将"市场误价"和"过度自信"等正常的、非理性的因素纳入考察体系，得出的结论有助于相关人员全面了解决策参与者的非理性因素对上市公司股权再融资决策的影响，为改善上市公司的内部治理制度，提高融资效率提供新的依据，也为监管部门制定相关的调控政策提供一定的借鉴。

第二节 基本概念的界定

融资决策作为公司金融学的核心研究领域之一，涉及众多复杂的经济关系、经济现象和经济主体，本书的研究只针对其中的一个问题，运用行为金融理论进行多角度的深入分析，力争能够有所收获。人们进行逻辑思维的最基本单位和形式是"概念"，对其的理解反映出人们对事物本质的认识程度，通过界定基础概念，可以明确我们的研究范围与核心关注点所在。因此，在展开讨论之前，首先借助对融资问题涉及的基本概念的界定，进一步明确全书的研究对象，理顺研究思路。

一 关于融资决策

融资（Finance）是指经济主体通过一定渠道或方式取得资金的经济行为。本书研究的经济主体特指在我国上海证券交易所和深圳证券交易所成功发行 A 股的非金融类公司①，简称为"上市公司"。按照不同标准，可以从如下角度对上市公司融资方式进行分类：

（一）直接融资和间接融资

根据融资过程是否通过金融中介机构进行分类，可将上市公司融资行为分为直接融资和间接融资。直接融资是指上市公司在外部金融市场上直接向最终现金持有者融入资金，如发行股票或债券募资；间接融资是指上市公司通过银行等金融中介机构募得资金，而不是直接向终极出资者融资。本书侧重研究的是上市公司的部分直接融资行为。

（二）内源融资和外源融资

古利和肖（Gurley and Shaw，1967）提出，根据融资过程中资金来源方向或储蓄与投资②关系不同，可将融资渠道分为内源融资和外源融资。当经济主体使用自己的储蓄来满足投资活动的资金需要时，称其进行的是内源融资活动；当经济主体利用他人储蓄来满足投资活动的资金需要时，则称其进行的是外源融资活动。

从上市公司视角看，内源融资的资金来源通常包括其在经营过程中实现的留存收益及提取的折旧；外源融资则是通过一定方式从

---

① 金融类上市公司适用的会计和报告制度明显有别于其他行业的上市公司，资本结构也体现出独有特征，如显著偏高的财务杠杆水平。为避免制度性因素和行业特征差异对分析结果的影响，本书的研究对象——"上市公司"中，不包括隶属于"金融、保险业"的公司（根据证监会行业分类标准进行区分）。

② 这里说的储蓄，是指整个国民收入中未被用于当前消费的部分，即社会闲置资金；投资是指企业用于生产运行过程中的支出，从某种意义上说，投资者即融资者。

企业外部的其他经济主体融入所需资金，如借助银行贷款、发行股票或债券等方式进行募资。内源融资依靠上市公司的自身积累，故而可筹得的资金规模有限，当内源融资无法满足公司发展需要时，外源融资渠道可以为公司提供更广阔的融资空间。本书侧重研究上市公司的部分外源融资行为。

（三）股权融资和债权融资

上市公司外源融资行为中，按融资活动形成的产权关系不同，融资方式可分为股权融资和债权融资。其中，股权融资是指上市公司通过留存收益或发行股票方式取得所需资金，形成权益资本，权益资本通常无法定偿还期；债权融资是指上市公司借助银行贷款或发行债券等方式进行募资，根据到期日长短，公司的债务又有短期债务和长期债务之分。本书探讨我国上市公司的部分股权融资决策，也就是IPO之后的后续外源股权再融资问题。

（四）首次公开发行和股权再融资

首次公开发行是指某公司（股份有限公司或有限责任公司）首次向社会公众公开招股的股票发行方式，IPO成功之后的公司即成为流通股在证券交易所上市交易的股份有限公司，亦即通常意义上的"上市公司"。

上市公司再融资是相对于IPO而言的，对其有广义和狭义两种理解。广义的再融资泛指公司IPO之后，再通过其他渠道进行募资的所有行为；狭义的再融资则是专指已上市公司在资本市场上进行的直接融资活动。后者在现阶段更受理论界和实务界的关注。按照狭义的理解，再融资活动一般包括配股、增发、发行可转换债券和发行其他企业债券等。也就是说，可将再融资活动进一步细分为股权再融资和债权再融资两类。就其中的股权再融资方式而言，公认的有配股和增发新股两种，可转换公司债券由于具有股权和债权的双重特征，且我国市场中可转债的转股比例非常高，平均转股比例达到99.53%（邓晓峰，2010）。因此，它至少事实上起到了间接进行股权融资的作用，所以，本书将发行可转债也视为股权再融资的方式之一。

综上所述，本书集中围绕我国上市公司借助配股、增发和发行可转债所进行的狭义的股权再融资活动展开分析。

（五）增发、配股和发行可转换公司债券

《上市公司证券发行管理办法》① （以下简称《管理办法》）对上市公司进行的增发（定向增发和非定向增发）、配股和发行可转换公司债券的行为做了界定。其第二章规定，"上市公司向原股东配售股票的行为简称为配股"；"上市公司向不特定对象公开募集股份的行为简称为增发，即非定向增发"。同时，在第三章中指出，"本办法规定的非公开发行股票，是指上市公司采用非公开方式，向特定对象发行股票的行为。"也就是常说的"定向增发"。

可转债，全称为可转换公司债券，简称为可转换债券（以下简称为可转债）。该《管理办法》第二章规定，"可转换公司债券是指发行公司依法发行，在一定期间内依据约定的条件可以转换成股份的公司债券；上市公司也可以公开发行认股权和债券分离交易的可转换公司债券"。可转债是建立在债券基础上的衍生金融工具，在它的身上表现出债券和股票期权的综合特征。

从投资者的角度看，首先，与典型公司债券一样，可转债有明确利率和到期期限规定，若投资者由于种种原因未行使转换权，则到期时，投资者可如约收回本金和利息，或在到期日之前出售可转债，获得价款收入。其次，可转债条款赋予其持有人在合适的条件下将债券转换成股票的选择权，因此，持有可转债也相当于持有股票的看涨期权，或持有认股权证。

从筹资者的角度看，发行可转债融资可被视为延迟的股权融资方式。在我国金融市场的实践操作中，上市公司在发行可转债时往往会设计一些"偏股型"的条款，如极低的转股溢价率、宽松的转股价格向下修正条款、严格地加快转股的回购条款，等等，使可转换债券体现出更多的股性。事实上，我国可转债的转股比例也非常

---

① 《上市公司证券发行管理办法》（简称《管理办法》），由中国证券监督管理委员颁布，于2006年5月8日起实施。

高。因此，本书将其作为一种股权再融资方式进行探讨。可转债有很多不同的种类①，考虑到我国市场的实际情况，本书只将传统的可转换公司债券纳入讨论的范畴。

综上所述，本书讨论的是在我国沪深证券交易所 A 股市场上市交易的，非金融类上市公司的外源股权再融资决策问题。具体涉及的融资方式有配股融资、增发融资以及发行传统的可转债融资。

二 关于行为金融

行为金融学作为金融学科的前沿研究领域，正处于快速发展期，虽然研究成果颇丰，但相关理论尚未成熟，对很多基本概念仍存在争议。就行为金融学本身的概念而言，比较主流的论点有：施莱弗（Shleifer，2000）认为，从最一般意义上说，行为金融是研究竞争市场上人类易犯的错误，但又不仅仅局限于此，而是把这些错误放入竞争性的金融市场来考虑；希勒（Shiller，2003）认为，行为金融学是从包括心理学和社会学在内的更广阔的社会科学视角来研究的金融学。

行为金融理论的核心基础假设是金融市场的参与主体有限理性，市场并没有达到强式效率型。它尝试更充分地考虑人固有的心理偏差对经济决策的影响，而不是简单地假设所有人是"同质"的；它更关注经济主体的真实决策过程和结果，而不是只探讨"最优"决策模型。通过引入心理学的研究成果，行为金融学在更贴近"正常"状态，而不是"理想"状态或"理性"状态的背景下探讨金融市场的资源配置问题，希望能够对众多"金融异象"做出有效的解释，增强金融理论对现实的解释力。

行为金融学发展过程是问题导向的，即在以解释特定的金融异象为目的研究中，尝试借助心理学、社会学等学科的成果和研究方法来探讨金融问题，具有关联性的学术成果不断出现，并逐渐汇集成这一新的前沿研究领域。现有的大多数文献都集中于对投资行为

---

① 我国市场中目前公开交易的有传统可转债、分离交易可转债（2006 年 6 月推出）和可交换可转债（2008 年 9 月推出）三种。

的探究，如饶育蕾、张轮（2005）就曾将行为金融学定义为："基于心理学实验结果来分析投资者各种心理特征，并以此来研究投资者的决策行为及其对资产定价影响的学科。"针对公司融资问题的研究并不太多，专注于外源股权再融资决策的学术探讨更少，本书重点关注有限理性的外部市场投资者和有限理性的公司内部决策主体对相关融资决策的影响。

第三节 研究方法和内容

一 研究方法

本书综合运用规范分析法和实证分析法研究相关经济主体的非理性心理因素对我国上市公司股权再融资决策的影响。本书使用的具体研究方法如下：

第一，对上市公司融资结构指标进行分析时借助描述性统计方法，用定量数据刻画公司资本结构的微观特征和金融市场宏观状况，进而利用归纳比较分析法，锁定需重点关注的股权融资偏好问题。

第二，利用文献分析法对与本书研究相关的国内、外经典学术成果进行梳理和述评，厘清研究脉络，明晰研究前沿，确定研究思路。

第三，通过理论分析，论证我国金融市场中存在着系统性的非理性因素，且这些因素会诱使公司的股权融资决策出现偏差。

第四，在行为金融学理论分析框架内，通过构建 OLS 回归模型和面板数据的 PROBIT 模型，从市场层面和公司层面分别检验部分非理性因素对股权融资决策是否存在影响及影响的性质。

第五，以理论分析和实证分析结论为依据，进行政策分析，提出提高我国资本市场资源配置效率的对策建议。

二 研究内容

本书的研究思路如图 1 - 1 所示。

全书分为七章，各章的主要内容如下：

第一章阐述本书选题背景后，提出所要研究的主要问题以及研究意义、方法和思路，对相关的核心基本概念做了明确的界定，总结全书所做的主要工作和不足。

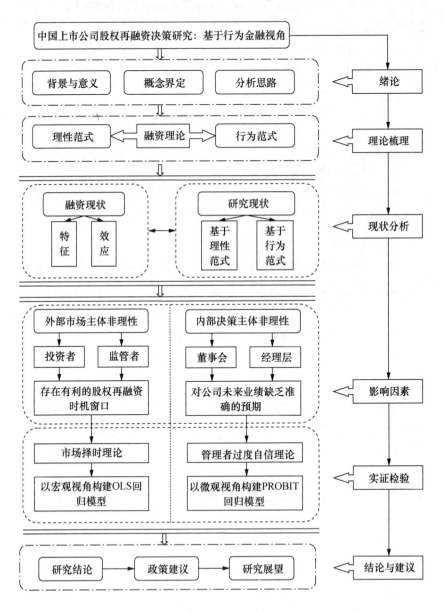

图 1-1　本书的研究思路

　　第二章和第三章对相关现状做总结和剖析。第二章以资本结构理论演进的逻辑脉络为主线，对金融学领域中与股权融资问题直接相关的理论进行了梳理，即从理性范式框架下的"信息对称假设→信息非对称假设→控制权转移说"，到行为范式框架下的"非理性假设"，在这个对研究假设不断释放的过程中，行为金融理论日渐成为金融学的研究前沿。第三章在通过描述性统计数据勾勒出我国金融市场概况后，重点分析上市公司表现出的融资特征，以及其所带来的宏观、微观效应。同时回顾了以往学者就这种特殊的股权融资偏好给出的解释，明确本书的研究突破口。

　　第四章针对影响我国上市公司股权再融资决策的部分非理性因素展开探讨，首先论证外部市场主体非理性和内部决策主体非理性存在的客观性及其对融资决策造成影响的必然性；然后明确本书研究的理论基础，即市场时机理论和管理者过度自信理论的适用性。

　　第五章和第六章以前文分析为依据，利用宏观、微观数据，构建回归模型检验相关非理性因素对上市公司股权再融资决策的影响。第五章基于宏观视角，利用我国 A 股市场 2000—2010 年的数据，借助 OLS 回归模型，检验上市公司进行股权再融资决策时是否存在市场择时现象。其中，市场时机是指由于投资者非理性所导致的"市场误价"时机和由于监管者非理性所导致的政策变动时机综合作用产生的有利的股权再融资时机窗口。第六章基于微观视角，利用 2003—2010 年我国 A 股上市公司数据，借助面板数据的 PROBIT 模型检验上市公司管理者过度自信偏差与公司股权再融资意愿之间的相关性。

　　第七章对全书进行总结。在概述主要结论基础上，就如何纠正这种异常的股权再融资热情，如何提高我国资本市场的资源配置效率提出了政策建议。此外，本章中还记录了研究中由于时间和能力所限未能实现的设想。

第四节　研究贡献和不足

一　研究贡献

本书的研究思路和方法部分地借鉴前人学术成果，在此基础上所做的贡献主要集中于以下三个方面：

第一，从资本结构领域研究对象看，现有关于股权融资决策的探讨绝大部分针对的是上市公司的 IPO 行为，或不将 IPO 与后续的股权再融资（SEO）进行细致区分，专注于 SEO 的研究相对较少，即使是针对 SEO 的分析，由于事实上起到"延迟的股权融资"作用的可转债是近年来才大规模发展起来的，所以，将其也纳入分析框架的研究并不多见，本书在考虑可转债融资方式基础上，关注我国上市公司的外源股权再融资决策，为该领域贡献了更有针对性的成果。

第二，从管理者过度自信理论的发展视角看，一方面，作为新兴理论，现有成果大多数是以发达国家资本市场为背景研究而得的，将其与我国发展中的资本市场现状相结合展开的讨论并不多，而且鲜有学者运用该理论针对我国上市公司的股权再融资决策进行直接研究，本书就此进行了创新性的尝试，丰富了该理论的研究内容和成果。另一方面，现有国内外的主流观点认为，具有过度自信特征的管理者将谨慎地使用股权融资，鉴于过度自信是人固有的心理偏差，因此，相关结论与我国市场中存在的股权再融资偏好现象相悖。

本书借助 PROBIT 面板模型所做的实证分析得出不同结果，我们发现，管理者过度自信的行为偏差与上市公司提出股权再融资预案概率之间存在显著正相关关系，即从融资意愿的角度分析，过度自信的管理者是倾向于使用股权再融资的。这一结论为解释我国特有的股权融资偏好现象贡献了新的证据和思路，也为哈克巴思（2008）的数理分析结论提供了实证数据的支持。

第三，从借助市场择时理论对融资问题研究角度看，一方面，国外发达国家的金融市场成熟度相对较高，政府行政干预较少，所以在融资市场时机度量指标的设计和选择方面，国外已有研究很少考虑政策性因素，只专注于度量投资者非理性所诱发的市场"误价"时机。而处于经济转轨时期的我国金融市场成熟度较低，且股权再融资监管政策变动频繁，对上市公司的融资行为有重要的影响，因此，本书在相关指标的构建过程中尝试将监管者有限理性行为所导致的融资政策时机也考虑在内，借以更全面地刻画上市公司在特定监管制度约束下所进行的择时决策，从而为相关研究提供了有益的参考。另一方面，始于2005年的股权分置改革对我国资本市场基础环境的改变具有重大影响，从理论上说，它将极大地提高上市公司的外部治理效率，本书尝试从市场层面检验其对股权再融资决策的影响。虽然得出的是统计上不显著的结果，但我们努力贡献了一个考察股权分置改革效果的新视角，即检验其是否能通过作用于公司的内外部治理机制而有效纠正异常的股权再融资偏好现象。

二　研究不足之处

本书虽得出了些许有益的结论，但总体来说，探讨仍有待深入。就该论题本身而言，有太多值得继续为之付出努力的研究方向，第七章对其做了概要归纳，此处仅针对本书已完成的工作进行反思，有必要进一步改进的不足之处主要有以下三点：

第一，我国资本市场建立之初就存在制度性缺陷，上市公司进行经济决策的大背景与发达国家成熟金融市场差异明显，政策性因素干扰很大。而现代金融学，无论是标准金融理论还是行为金融理论都源自相对成熟市场环境中的研究，就政府行为对公司决策的影响考虑较少，借助这些理论解释中国问题时，应将监管政策变动作为约束条件补充纳入分析框架中。本书在这方面做了一些努力，但是，思路还不够成熟，结果还不够理想，需要进一步完善。

第二，行为金融学理论认为，人所固有的非理性心理偏差将通过多种作用机制综合影响金融市场的资源配置效率，如何界定和度量不同类型的非理性偏差是这一研究领域的核心难题。本书结合我国市场具体情况，并借鉴已有学术成果，选用"热发市场"思路设计对外部市场主体非理性程度的度量指标，选用"盈余预测公告"为基础，设计对内部决策主体过度自信程度的度量指标，虽然本书初步论证了相关指标的合理性和可行性，但测度的精确度不够，在一定程度上制约了最终结论的普适性，需要继续探讨更细致的设计方案。

第三，综合考虑再融资方式发展的进程、监管政策背景的可比较性和数据的可获得性，本书在进行实证分析时选取的时间跨度为2000—2010年，样本期偏短。我国上市公司表现出的股权再融资偏好是长期存在的，基于近十年数据分析得出的结论只关注了现状，而无法反映这一现象及其背后原因的变化历程。我国金融市场发展速度较快，发展历程阶段性特征较明显。相应地，影响上市公司股权再融资决策的因素中有一部分也是具有时代特征且不断变化的，本书在研究过程中没能对这种融资偏好及其影响因素、制度背景进行系统性的跨时期比较，从而更好地总结历史经验和教训。本书安排了相关研究内容，但受制于非理性因素指标设计的不成熟性，没能很好实现这一想法。

第二章　融资理论与行为金融概述

霍根（Haugen，1999）将金融理论发展过程分为旧时代金融（Old Finance）、现代金融（Modern Finance）和新时代金融（New Finance）三个阶段。其中，旧时代金融是指 20 世纪 60 年代之前，金融研究注重对企业会计报表的分析，以会计和法律为基础，评估企业的价值；现代金融也就是通常意义上的标准金融学（Standard Finance）、经典金融学（Classics Finance）或传统金融学（Traditional Finance）。1952 年，哈里·马科维茨在《金融杂志》上发表了著名的《资产组合的选择》一文，首次将微观经济学的标准分析方法引入金融领域，从而标志着现代金融理论的诞生。以有效市场假说（Efficient Market Hypothesis，EMH）为基础，以资本资产定价理论和现代资产组合理论为基石，借助严密的数学推导，现代金融理论构造出了一个庞大的理论体系，并用此探讨金融市场上的资产价格发生机制和资源配置效率问题。

无论是旧时代金融还是现代金融，其研究都是在理性假设条件下展开的，经济人的"完全理性"假设和现实中经济活动参与主体的"有限理性"现状明显不符，这种显而易见的差异极大地制约了金融理论的解释力和有效性。从 20 世纪 80 年代逐渐发展起来的行为金融学对此做了系统性的修正，尝试在投资者有限理性和市场非强式效率型的假设下重新审视金融问题，并取得了重大的进展，霍根将其视为"新时代金融"的代表。对融资决策问题的研究，随着金融学基础理论体系的发展而展现出鲜明的阶段性特征。

本章通过对相关理论、研究文献的回顾、分析和评述，总结已有学术成果，梳理公司融资决策理论的发展轨迹和趋势，明确后文的研究范式。

融资决策，重点关注的是企业所需长期资金的各项来源渠道、比例构成及相互关系等问题，也称为资本结构决策。融资决策将对企业的资本成本、市场价值、内部治理等造成直接影响。同时，微观经济体的决策结果也将对整体经济或金融市场的稳定与发展产生重要的影响。因此，资本结构问题长期以来一直是公司金融领域的研究重点，受到经济理论界和实务界的广泛关注。1952 年，著名学者戴维·杜兰德（David Durand）在美国国家经济研究局召开的学术会议上发表了《企业债务和股东权益成本：趋势和计量》一文，该文系统地总结并提出了融资决策的净收入理论、净营业收入理论和传统折中理论①，从而正式拉开了资本结构理论研究的序幕。时至今日，资本结构理论已经形成系统、丰富而又具有开放性的体系。

第一节 完全理性假设下的融资决策研究

一 标准金融理论的核心基础假设概述

标准金融理论大量使用新古典经济学研究方法、思路以及前提假设，其中包括本书所关注的"理性人"假设。学者们以此为基础，沿用最优化和均衡等思想，构造数理模型，刻画投资者以追求效用最大化为目的所采取的决策模式，借以探讨金融资源配置问题。相关研究建立在以下三个核心假设基础上②：

（一）投资者完全理性

经济学研究从描述行为主体决策开始，基于经济人完全理性假

---

① 这三种理论通常被合称为传统资本结构理论或早期资本结构理论，它们的共同研究思路是，以企业市场价值最大化或者资本成本最小化为决策目的，采用边际分析法，从收益角度来研究企业的资本结构选择问题。它们的主要区别在于对投资者如何确定企业负债及股本价值时所做的假设不同。

② 随着金融研究的不断深入和拓展，这三个假设正在逐渐被放松，此处概述的只是它们最初的核心观点。

设的分析框架，是从一系列关于个人行为规范性的、具有吸引力的公理出发，将人们视为遵循预期效用最大化的无偏贝叶斯预测者（De Bondt and Thaler，1994）。如果行为人的偏好关系满足完备性公理和传递性公理①，他的选择偏好就被视为是"理性"的。饶育蕾和张轮（2005）认为，"理性人"的界定包括两层基本含义：（1）投资者在决策时都以效用最大化为目标；（2）投资者能够对已知信息做出正确的加工处理，从而对市场做出无偏估计。在标准金融学的各个理论中，"理性"一词的内涵略有区别，各有针对性，综合来看，理性的投资者心理都有理性预期、风险回避和效用最大化这三个共同的特点。在基于"理性人"假设所构筑的"同质经济"模型中，投资者的选择是建立在"完全理性、完全利己和完全信息"基础上的。

（二）有效市场理论

有效市场假说（Efficient Market Hypothesis，EMH）表述关于市场效率的论断，其中说的"效率"是指市场价格对各种相关信息的反应速度、程度和能力。② 标准金融理论中定价模型推导几乎都是以强式效率型金融市场为背景，即当前的金融资产价格能够即时反映与其有关的全部信息，包括历史信息、公开信息和内幕信息。在这一严格的假设下，市场中的参与主体将无成本地获得所有信息，且基于这些信息，市场参与者对未来做出相同的预期，若交易成本为零，理性的投资者围绕自身期望效用最大化所做出的买卖决策的交易结果是，均衡状态下的证券价格与其内在价值相等。

（三）资产价格随机游走

标准金融理论认为，资产价格是随机、独立而不可预测的，价

---

① 偏好描述的是行为人进行选择时的排序关系。假设存在商品集 X，对于其中的任意商品组合 x 和 y（以商品数量计量），如果行为人在选择时认为 $x \geq y$ 和 $y \geq x$ 至少有一个是成立的，则视为其偏好关系满足完备性公理；如果行为人在选择时认为 $x \geq y$，$y \geq z$，则 $x \geq z$，那么其偏好关系即被视为满足传递性公理。

② 按照法玛（Fama，1970）的经典定义，有效市场假说的含义是：在有效市场中，资产价格总是完全反映可利用的信息。根据价格对相关信息反映程度不同，有效市场可被分为弱式有效、半强式有效和强式有效三种类型。

格变动过程中不会产生序列相关，没有线性依存性。对证券价格的技术分析无效，人们无法通过预测资产价格变化趋势而从中获利。有效市场理论与随机游走假说密切相关。共同形成资产定价模型的核心假设。

在标准金融理论的理性范式分析框架下，诞生了大量较为成熟的融资决策研究成果，现代资本结构理论和绝大部分的新资本结构理论都隶属于这一范畴。到目前为止，理性范式的融资理论仍然占据了这一领域的主流地位。下面我们梳理一下相关研究的发展脉络。

二　以信息对称为前提的融资决策研究

（一）经典的 MM 理论及其扩展

现代资本结构理论研究的公认起点是美国著名经济学家莫迪格利亚尼（Modigliani）和米勒（Miller）于 1958 年在《美国经济评论》上共同发表的论文《资本成本、公司财务和投资理论》。该文贡献的重要观点是：在完善的资本市场中，公司的资本结构与其市场价值无关，即著名的"资本结构不相关理论"，也被简称为"MM无税模型"，具体包括两个命题：

命题 1：杠杆公司的价值等同于无杠杆公司的价值。

$$V_L = V_U = \frac{EBIT}{R_{WACC}} = \frac{EBIT}{R_{EU}}$$

其中，V_L 代表无财务杠杆公司的价值，V_U 代表有财务杠杆公司的价值，$EBIT$ 代表公司产生的自由现金流量，R_{WACC} 代表有财务杠杆公司的综合资本成本，R_{EU} 代表无财务杠杆公司的权益资本成本。

命题 2：股东的期望收益率随财务杠杆的增加而增加。

$$R_E = R_A + \frac{D}{E}(R_A - R_D)$$

其中，R_E 代表有财务杠杆公司的权益成本，R_A 代表具有相同风险的无财务杠杆公司的权益成本，R_D 代表债务融资成本，D 代表债务融资规模，E 代表权益融资规模。

MM 无税模型为复杂的资本结构决策提供了一个异常简单的结

论，并为其提供了理论证明。虽然这一切在逻辑上没有问题，但直觉告诉人们，事实并非如此。如果资本结构真的不会影响企业价值，企业是不需要耗费成本进行融资方式选择的，企业的资本结构数据也应该是随机分布的。而现实数据和企业的行为表现都不支持这一结论。围绕 MM 无税模型展开的争论，核心落脚在其严格的理论假设上。

MM 无税模型所使用的研究假设主要包括以下几个方面：（1）无摩擦的资本市场，即无交易成本、无交易限制、资本资产可无限细分；（2）无税的交易环境，即无公司所得税、无个人所得税；（3）市场处于完全竞争的状态；（4）借贷利率无差异，即无论个人、机构投资者还是公司，都可以用完全相同的利率借入或贷出资金；（5）无信息获得成本，即所有融资活动的参与主体都可以零费用获得完全相同的相关信息；（6）无代理成本；（7）融资主体不会发生财务危机，从而也就没有财务困境成本或者破产成本。很明显，这些假设脱离了现实，过于苛刻。

MM 无税模型的反对者虽然提出了很多异议，但并不是以推翻这一定理为目的，而是希望对其进行修正，使其更贴近现实，更具解释力。莫迪格利亚尼和米勒也在对其进行不断的反思、完善和扩展。沈艺峰（1999）认为，在不对称信息引入之前，通过不断释放MM 理论的前提假设而形成的融资决策理论可以分为三大学派，即破产成本学派、税差学派和米勒市场均衡模型。

莫迪格利亚尼和米勒在 1963 年发表文章，《公司所得税和资本成本：一个修正》将公司所得税因素纳入 MM 理论的考察范畴内，得出了 MM 含税模型，此后，学者们（Farrar and Selwyn，1967；Stapleton，1972）陆续将个人所得税和资本利得税也纳入分析框架之内，相关成果被称为资本结构理论的税差学派，这一理论分支的核心观点认为，债务融资与权益融资在税收制度上的差异会对企业的资本结构产生影响。另外，破产成本学派的研究认为，当企业过度使用债务融资时，将面临破产的危险，如果充分考虑财务困境成本，那么，随着债务融资规模的增加，公司融资成本也会相应提高，此时再使用债务融资将损害企业的价值（Baxter，1967，1970；Stiglitz，1969，1973，1974，1988）。米勒（1977）从一般市场均衡的角度重新论证了他和莫迪格利亚尼于1958年发表的那篇经典文献中的观点，提出了市场均衡模型，综合考虑个人所得税和公司所得税对融资决策的共同影响。该文认为，就市场中全部企业的整体而言，确实存在一个均衡的负债—权益比，但对个别企业来说，没有最优的负债比率。米勒模型的提出标志着现代资本结构理论在争议声中走向成熟，成为学术界的主流。①

（二）权衡学派

1. 最优资本结构理论

破产成本理论、税差学派和米勒市场均衡模型，分别在 MM 无税模型所构建的基本分析框架内独立考虑了破产成本和税收因素对公司资本结构的影响，斯科特（Scott）、迈耶斯（Myers）、罗比切克（Robichek）等人将二者整合在同一个模型中统筹考虑，归纳总结出"权衡理论"，也被称为最优资本结构理论。这一模型继续放松了 MM 理论的前提假设，认为市场中存在税收制度和破产可能，因而，企业利用债务融资，一方面，会享受到利息抵税效应所带来的好处；另一方面，当债务规模偏大时，也将面临破产威胁，这将引发直接破产成本和间接破产成本，后者指的是企业陷入财务困境后到最终破产之前所遭受的损失，也被称为财务困境成本。企业在上述两种性质不同的相关现金流的现值之间进行权衡取舍后，最终确定对自身最有利的资本结构。

2. 静态权衡理论

德安吉洛（De Angelo）、马苏里斯（Masulis）等人对最优资本结构理论做了进一步扩展，从更宽泛视角认定税收收益和负债的成本，认为前者不但包括债务利息的抵税效果，而且还包括非负债税收收益，如折旧的抵税效用等；后者在原有基础上还应包括代理成

① 本段涉及的外文文献转引自沈艺峰《资本结构理论史》，经济科学出版社1999年版。

本和非负债税收利益损失等方面。即公司的最优资本结构是权衡各
类债务与非债务的税收收益和相关成本的结果。理论界称之为"后
权衡理论"或"静态权衡理论"。在静态权衡理论中,负债规模与
企业价值之间关系可用如下公式表示:

$$V_L = V_U + T_C B - PVFD - PVDC$$

其中,V_L 表示有财务杠杆企业总价值;V_U 表示无财务杠杆企业
总价值;$T_C B$ 表示债务税盾效应现值;($PVFD + PVDC$)表示债务相
关成本现值,具体是指破产成本和代理成本现值。如图 2 – 1 所示。

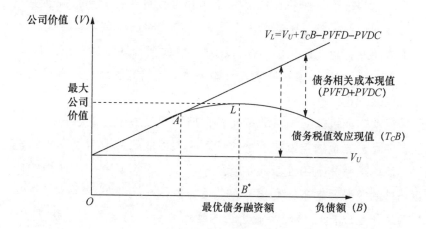

图 2 – 1 权衡理论

资料来源:〔美〕斯蒂芬·A. 罗斯等:《公司理财》第 1 版,机械工业出版社 2010
年版,第 313 页。

图 2 – 1 中显示,当企业债务融资规模小于 B^* 时,受惠于税盾
效应贡献,债务融资越多,企业价值越大;一旦债务融资规模超过
了 B^*,破产成本和代理成本对企业价值的递减效果将超过税盾效
应的贡献,此时,再增加债务融资,将导致有杠杆企业的总价值下
降。B^* 对应的就是使企业价值最大化的最优债务融资规模。

从 MM 无税模型到静态权衡理论,最初苛刻的研究假设几乎全
被放松了(当然,信息充分对称的假设仍然被保留着),静态权衡
理论为企业的融资决策提供了更具解释力的分析框架。可问题是,

虽然债务融资所导致的财务困境成本和代理成本是真实存在的，在实践中却无法对其进行精确的定量测算，在数理证明过程中也无法找到明确的函数关系，即最优负债—权益比的具体数值是不得而知的。

3. 动态权衡理论

静态权衡理论认为，能够实现企业价值最大化的资本结构是一个具体而固定的负债—权益比，但是，后续的实证研究结论和现实管理经验都表明，这一观点有些偏颇。企业的资本结构选择应该是一个动态的过程，在综合权衡各种因素的影响之后，企业将围绕一个目标即负债—权益比或者一个资本结构区间进行调整，给定任何一个时间点，企业的负债—权益比都可能偏离长期最优状态。自 20世纪 80 年代初期以来，学者们开始关注上述研究思路，逐渐建立起动态权衡理论。

得益于计量经济学在动态面板数据处理领域中方法手段的不断创新和完善，金融学家在动态权衡理论方面的研究取得了重大的进展。虽然从整体上仍处于起步阶段，但是，根据研究中所使用的假设条件的差异，动态权衡模型仍然可以被细分为不同的类别。最常见的思路是以投资和现金流是否内生作为标准进行划分，费希尔、施因克尔和齐克纳（Fischer，Heinkel and Zechner，1989）以及 Goldstein、Ju 和 Leland（2001）开创了投资和现金流内生前提下的动态权衡模型；布伦南和施瓦茨（Brennan and Schwartz，1984）、Titman 和 Tsyplakov（2003）[①] 则奠定了以两者外生为前提的研究方向。各种动态权衡模型共同认可的企业资本结构动态调整原因有两大方面：一方面，是资本结构调整必然存在成本，因此，企业即使意识到有最优负债—权益比，通常也不会立即进行调整；另一方面，最优负债—权益比本身就是随条件变化而变动的，如技术革新对企业价值的影响等。

---

① 相关外文文献转引自潘敏、郭厦《资本结构动态权衡理论述评》，《经济学动态》2009 年第 3 期。

动态权衡模型虽然将更多的因素纳入分析框架，但其研究仍然主要是建立在理性人假设和信息充分对称假设的基础上，对这些假设的进一步释放，是其未来的一个重要发展方向。

三　信息不对称假设下的融资决策研究

20 世纪 70 年代后期逐渐发展起来的信息经济学，为企业融资问题的研究提供了全新的视角和工具，建立在信息非充分对称假设基础上的研究给资本结构理论的发展带来了革命性的成果。信息非充分对称假设描述的主要情况是，企业的经理层具有信息优势，与外部投资者相比，他们更加了解企业，掌握更多的信息，因此，在博弈过程中，他们拥有明显的优势。面对这种现状，债务融资为企业带来的不仅仅是资金，还意味着一种委托—代理行为的契约安排。

张维迎（1995）指出，基于现代契约理论的企业融资选择至少会通过三个渠道对其价值产生影响：（1）不同的资本结构下，内部经营者工作的努力程度和行为选择的差异会影响企业的收入和价值。[①]（2）内部经营者具有信息优势，这一点外部投资者也很清楚，因此，后者往往通过分析前者的融资决策来推断企业真实经营情况，将不同的融资方式解读为关于企业前景的不同信号，并基于这些信息做出投资判断，进而对企业的价值产生影响。（3）资本结构既决定了企业未来收入的分配格局，也同时影响着其控制权的划分。融资决策会借由对控制权分配的重整来影响企业的市场价值。分别以这三种作用机理为探讨重点形成的研究成果，被归纳为激励理论、信号传递理论和控制权理论。

除此之外，哈里斯和雷维夫（Harris and Raviv，1991）将产业组织理论与资本结构理论结合在一起，提出除上述三条影响途径之外，融资决策还将在企业经营者与其产品竞争对手、消费者和原材料供应商之间起到信号传递作用，不同的融资选择意味着企业处于不同经营状态，同时也暗示着企业未来将采取不同的经营策略。竞争对手将根据这些信息来决定自己是否进入或退出相关产品市场，

---

① 如持股数量或比例的下降会导致管理者减少努力程度，增加在职消费。

再或者是否和企业在产品市场上达成合谋。利益相关者的这些行为选择最终也将影响企业的价值。

（一）激励理论

资本结构理论中激励模型关注债务融资附带的契约关系对企业内部必然存在的委托—代理问题有怎样的影响。

1. 詹森和梅克林构建的代理成本模型

詹森和梅克林（Jensen and Meckling, 1976）最早开始运用代理理论研究融资问题，他们构建的代理成本模型被视为新资本结构理论的代表之一。该模型认为，企业内部存在两类与融资相关的委托—代理关系及其引发的利益冲突：债务融资会引发债权人与股东之间的委托—代理问题；权益融资会形成股东与经理人之间的委托—代理关系。合理的资本结构安排将有助于降低相关的代理成本[①]，从而增加企业的价值，因此，最优的资本结构应该是使总代理成本最低的财务杠杆水平。如图 2 - 2 所示。

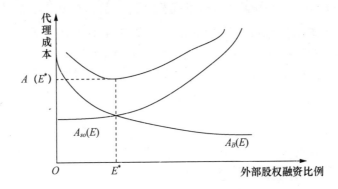

图 2 - 2 詹森和梅克林构建的代理成本模型

资料来源：Jensen, M. C. , W. H. Meckling, 1976, "Theory of the Firm: Managerial Behavior, Agency Costs, and Capital Structure", *Journal of Financial Economics*, Vol. 3, pp. 305 - 360。

---

① 这些代理成本主要包括委托人的监督成本、代理人的保证成本和剩余损失三者之和。其中，监督成本是指委托人为确保代理人依约行事所发生的成本；保证成本是指代理人为使委托人相信他会履行契约所发生的成本；剩余损失是指在使用各种监督与约束方式后，代理人决策仍然偏离使委托人利益最大化的决策所产生的损失。

$$A(E) = A_{SO}(E) + A_B(E)$$

其中，$A_{SO}(E)$ 表示与外部股权融资相关的代理成本，$A_B(E)$ 表示与债务融资相关的代理成本，资本结构安排所带来的全部代理成本 $A(E)$ 是上述两项之和。

企业总资产规模保持不变前提下，随着外部股权融资比例的增加，$A_{SO}(E)$ 呈递增趋势，而 $A_B(E)$ 则逐渐递减，两者相权衡的结果是，总代理成本的大小随着外部股权融资的增加而先降后增，必然存在一个最低水平 $A(E^*)$，E^* 所对应的外部股权融资比例，也就是企业寻找的最优资本结构。

其他学者在这一模型的基础上做了进一步的扩展研究。

2. 格罗斯曼和哈特构建的担保模型

格罗斯曼和哈特（Grossman and Hart，1982）认为，债务融资所附带的契约安排能够提供一种担保机制，激励和约束经理人的行为，促使其努力工作，克制享乐，并倾向于选择能够实现企业价值最大化的投资项目。他们对这种担保机制作用机理给出的解释是，对于经理人来说，企业的举债融资将从正负两方面影响其自身利益。

不利之处是：（1）债务融资的本息需要用现金进行偿付，这会减少经理人可支配的"自由现金流量"；（2）债务融资将给企业带来破产风险，企业破产则经理人将丧失所有在职收益，因此，其会承担破产成本，为避免破产，经理人要努力工作，为企业寻找能创造价值的投资项目。

有利之处是：如果明知债务融资会对自身行为产生约束，经理人仍然愿意选择这种募资方式，股东会将其理解为积极信号，认为经理是愿意为企业价值最大化而努力的。基于这种判断，市场投资者的认同会促使企业市值增大，经理人也会因此而获益。

综合上述影响，一定范围内，企业的市场价值被认为是与其负债比例呈正相关的，经理人在一定程度也有动力借助使用债务融资而向股东保证，他们会谨慎地管理股东的资金。在担保模型中，企业的最优资本结构是经理人在权衡自身收益与成本之后所做出的选择，由于随着负债比例的增加，经理人能支配的"自由现金流量"将减少，企业破产的可能性将增大，因此，使经理人预期获得的边际收益与承担的边际成本相等的负债—权益比，也是企业的最优资本结构。

3. 哈里斯和雷维夫构建的债务缓和模型

哈里斯和雷维夫（1990）指出，有一种由委托—代理关系导致利益冲突体现在股权投资者、债权投资者与经理人之间对企业经营决策选择的分歧上。某些情况下，破产清算对于投资者利益是一种保护，但经理人却希望企业继续运营，建立在投资费用和现金流量基础上的契约无法调和这种利益冲突。当企业通过负债进行融资时，法律赋予债权人在企业现金流量不足时强制其破产清算的权力，从而让投资者（包括债权人和股东）与经理人之间的利益冲突得到缓和。但是，债权人在行使这种控制权时，首先要预测企业未来的发展前景，由此必然产生信息成本。也就是说，企业利用债务融资时，一方面会带来破产清算价值，另一方面也将导致申请破产前的信息调查成本。因此，最优的负债规模应该是二者权衡之后的结果，即企业将尽可能选择同时使信息成本最小且清算价值最大的负债率，对应的负债—权益比也就是企业的最优资本结构。

4. 戴蒙德及赫施莱弗和塔科尔分别构建的声誉模型

戴蒙德（Diamond，1989）、赫施莱弗和塔科尔（Hirshleifer and Thakor，1989）分别构建模型，探讨"声誉"是如何缓和债权人与经理人之间利益矛盾的。他们都认为，顾及在对应市场中的声誉，企业和企业的经理会趋向于选择相对安全的投资项目，这也恰恰是债权人所希望的。[1] 不同之处在于，戴蒙德模型更关注企业在金融市场中的信誉对其融资成本的影响，赫施莱弗和塔科尔模型则偏重分析经理人从维护自身个体信誉角度出发是怎样做决策的。

戴蒙德模型的结论是，债权人为了保证自身投资的安全，希望企业能够将资金用于具有正的净现值、安全的项目，而企业如果能

---

[1] 在此之前，根据詹森和梅克林（1976）的代理模型，如果使用债务融资，则企业和经理人有明确地选择高风险和负净现值项目的动力，这种情况也被称为"资产替代"。

够让债权人相信，它始终只会做安全的项目，那么这种长久积累的良好声誉将使其可以用更低的成本筹集债务资金。企业在金融市场中确立良好声誉的途径是避免债务违约行为，立足于此，企业的最优选择就是投资于安全的项目。

赫施莱弗和塔科尔模型的观点是，如果经理人市场中对职业经理人的评价只有"失败"和"成功"之分，那么，经理为了维护自身的声誉，在进行投资项目选择时的目标就是争取成功概率的最大化，安全的项目符合这种要求，虽然出发点不同，但经理人的选择事实上满足了债权人的要求，委托—代理问题在"声誉"的调和下被缓解了。

（二）信号传递理论

由于企业外部投资者处于信息劣势，他们会观察内部管理者的决策选择，将其解读为关于企业现状或前景的某种信号，并基于此做出投资判断。资本结构的信号传递理论就是围绕这一思路展开的，根据所关注的信号载体不同，这一理论又分为很多不同的模型，其中，最著名的是迈耶斯和梅吉拉利夫（Myers and Majluf）提出的"优序融资理论"，或称为"啄食顺序理论"。

1. 对"债务比例"的关注

罗斯（1977）在资本结构研究中创新性地引入建立在不对称信息假设基础上的信号理论，开创了一个新的学术分支。他关注的是由债务比例刻画出的资本结构与公司市场价值之间的关系。罗斯模型中描述的不完全动态博弈规则是，掌握更充分信息的内部管理者为公司选择的债务比例是一种信号，处于信息劣势的外部投资者捕获这种信号，并据此推断关于公司质量的预期，理性的投资者会基于这种预期做出相应的投资选择。通常，高债务比例意味着公司的发展前景相对更乐观，而且这种资本结构难以被低质量公司所模拟，原因在于虚构信号是有成本的。成本表现为：如果低质量的公司选择了高杠杆的资本结构安排，那么偏多的债务资本配置将导致高破产成本，内部管理者为避免承担破产成本，将调低债务比例，即信号传递成本的存在将迫使经理人选择与公司质量相符的债务比例。也就是说，由于破产威胁的存在可以防止内部管理者向外部投资者输出错误信号。综上所述，罗斯模型认为，高负债比例是一种积极信号，可以提升公司市场价值。

2. 对"内部人持股比例"的关注

利兰和派尔（Leland and Pyle，1977）在探讨公司 IPO 价值评估问题时认为，市场中的外部投资者会将企业家本身的持股比例视为一种信号，并据此分析企业的真实信息。利兰—派尔（Leland - Pyle）模型即 L—P 模型中，企业家被视为风险厌恶者，他们拥有关于公司投资项目的私人信息和确切的信息，自身财富量的限制要求其向外部投资者募资以满足项目的资金需要。在这种情况下，如果企业家保留较高的持股比例，则说明他们相信项目未来的前景更乐观，愿意承担更多的经营风险，因此，公司的价值与企业家保留的持股比例呈正相关的函数关系。企业家实现高持股比例的途径有两条：通过留存收益进行更多的股权投资，或在总筹资额一定的前提下使用更多的债务融资，前者可以提高其绝对持股量，后者可以提高其相对持股比例。在 L—P 模型中，公司举债融资的行为也被视为利好信号。

3. 对"融资顺序"的关注

迈耶斯（1984）、迈耶斯和梅吉拉夫（1984）依据信号传递原理提出了优序融资理论（或称为啄食顺序理论），从新的思路分析了非对称信息下资本结构、融资方式对企业价值的影响。啄食顺序理论广为人知的结论是：企业在需要资金时，其偏好的融资顺序为先利用内部融资，如果需要外部资金，那么首选债务融资，次选混合证券融资（如可转换公司债券融资），最后不得已才选择外源股权融资。企业并不存在最优资本结构，现有的负债—权益比是多次融资行为历史累计的结果。

啄食顺序理论指出，公司在不发行新股融资，即放弃新的投资项目时，

$$V = S + a$$

其中，V 表示原有股东持股的市场总价值，S 表示公司持有的现金余额和短期证券的价值之和，a 表示内部管理者对公司现有资产价值的估计值。

如果公司准备投资新项目，且通过发行新股进行筹资，则：

$$V = \frac{P_0}{P_0 + E} \times (E + S + a + b)$$

其中，E 表示新增股权融资额；P_0 表示公司发行新股前，其股票的市场价格；b 表示内部管理者对公司新增投资项目价值的评估，即预期项目净现值。

在管理者以追求股东价值最大为目的所做的选择过程中，公司利用新股融资的前提条件是，投资和筹资行为必须能够为原有股东带来价值增值，即：

$$\frac{P_0}{P_0 + E} \times (E + S + a + b) \geqslant S + a$$

整理上式，可得：

$$E + b \geqslant \frac{E}{P_0} \times (S + a)$$

也就是说，投资项目只有满足上述条件，公司原有股东才能从外源股权再融资行为中获得收益，公司也才可能利用发行新股融资。其中的逻辑关系可助借图 2-3 来做出更清晰的说明。

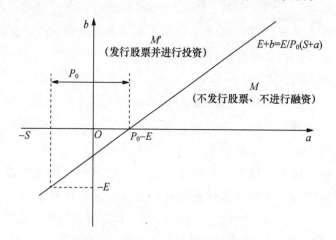

图 2-3　优序融资理论示意

资料来源：Myers, S. C., Majluf, N. S., 1984, "Corporate Financing and Investment Decisions When Firms Have Information That Investors Do Not Have", *Journal of Financial Economics*, Vol. 13, pp. 187-221.

图2－3中，M区域意味着发行新股的募资行为对公司原有股东的持股价值是没有贡献的，公司会回避外源股权融资方式；M'区域则恰恰相反。优序融资理论被提出后，迅速引起了学术界的关注，并引发了广泛的探讨，一部分研究人员对其做了修正和扩展，另一部分则对其提出批评和质疑。

克拉斯克（Krasker，1986）、Asquith 和 Mullins（1986）等的研究都证明，企业的股权融资行为被投资者视为承载坏消息的信号，对公司价值带来的是消极影响。Shyam－Sunder 和迈耶斯（1999）的实证研究也为其贡献了数据支撑。Narayanan（1988）和施因克尔（1990）的研究对这种融资顺序产生的原因提供了不同的逻辑解释。他们认为，处于信息弱势的外部投资者很难对新项目的价值做出准确的预计，因此，面对通过发行新股为项目募资的众多公司，投资者无法借助项目的 NPV 来对其进行区别，这导致在均衡状态下只能按平均值来确定这些公司的市场价值，结果是，拥有高 NPV 项目的公司价值被低估，而准备投资于低 NPV 乃至负 NPV 项目的公司价值被高估。掌握私有信息的公司内部管理者能对项目价值做出相对正确的预期，当他们发现市场低估公司股票时，为回避偏高的权益融资成本，将放弃股权融资。在不完全信息条件下，投、融资双方的博弈结果使得股权融资行为变成传递坏消息的信号。

法玛和弗伦奇（Fama and French，2002）的实证研究认同优序融资理论观点，但是，他们在2005年的另一篇文献却又对此提出了异议。法玛和弗伦奇（2005）指出，外源股权融资未必排在公司融资序列的末尾，在多融资渠道可供选择情况下，如果新股的发行对象是内部管理者或职工，且拥有信息优势的这些内部人也愿意进行股权投资的话，这种外源权益融资行为也会向市场外部投资者传递积极的信号。同时，他们还发现，公司选择的融资频率和条件也与优序融资理论相悖，现实中的企业每年都大规模地发行新股，同时也频繁地进行股票回购。对啄食顺序理论同样抱有怀疑态度的还有布伦南（Brennan，1987）、诺埃（Noe，1988）、弗兰克和高亚尔（Frank and Goyal，2003）等学者。其中，诺埃（1988）模型在允许公司有多种融

资渠道的前提下指出，当管理层认为公司未来的现金流量难以准确
预测时，他们会优先选择股权融资方式。

　　静态权衡理论、激励理论和信号传递理论的研究，不断地释放
了 MM 理论的前提假设，将税收、财务困境、委托—代理关系、信
息不对称等诸多影响企业融资决策的因素逐步纳入资本结构问题分
析视野中，但在相关讨论中，它们始终都只将股票和债券视为融资
工具，关注其对投资者和融资者现金流量的直接影响，并没有过多
考虑这些融资工具所附带的投票权和控制权。事实上，资本结构安
排之所以重要，一方面，是因为它决定了企业经营的结果如何分
配；另一方面，它也决定了企业经营决策由谁说了算，即资本结构
的变化意味着企业控制权的重整。

　　（三）控制权理论

　　持有普通股的股东具有投票权，可以参与企业经营决策，而同
为出资者的债权人则通常没有相应话语权。当学者们注意到不同募
资方式所附带的表决权的巨大差异后，对资本结构的研究又打开了
一个新的思路。依据分析角度的不同，控制权理论又可以被分为两
大类：一类侧重关注的是融资方式的选择对企业内部权力分配的重
整，以及面对并购，管理者是如何根据自身对控制权的偏好而进行
资本结构选择的；另一类则以金融市场所提供的外部治理作用为出
发点，强调资本结构的改变是如何借由外部治理机制来影响企业内
在价值的。

　　立足于内部控制权重整效应研究的代表性观点是，出于各种原
因，企业的经营者偏好于拥有控制权，这种偏好会诱使他们借由调
整资本结构来实现控制权的重整，并进而对企业的价值产生影响。
斯塔尔兹（Stulz，1988）指出，当存在潜在收购者时，如果现任经
理能够从实现股东价值最大化的目标出发进行决策，那么经理会通
过增加企业负债比例的方式提高自身的持股比例，在一定范围内，
企业的负债—权益比与股票收购价格之间表现为正相关关系，负债
的边际成本和收益相权衡，存在一个可以使公司价值最大化的最优
比例的表决权安排。哈里斯和雷维夫（1988）的研究假设经理人以

追求自身效用最大化作为行为选择的目标，如果通过提高企业负债比例的方式来实现反收购的目的，那么这种选择会给经理人带来正、负两方面的效应。一方面，负债比例的提高，减少了管理者失业的可能，保住了其因拥有公司的控制权而享受的私人利益；另一方面，由于无法通过收购为企业配置更有竞争力的资产管理者，企业收益没有得到改进，原有经理人凭持股所获得的分红收益会相对减少。经理人会在上述因素之间进行权衡，最终确定企业的融资策略。以色列（Israel，1991）的研究结论与上述两篇经典文献相似，但给出的解释明显不同。他认为，目标企业资本结构的变动会影响协同效应在收购方和目标企业之间的分配，因此，代表不同现金流量分布特征的证券发行方案将影响到收购的结果。

重视外部治理机制作用的相关研究被沈艺峰（2000）归纳为三个核心观点，具体如下：

（1）在控制权市场上，内部治理机制是无效的，只有外部治理机制中的"收购"作用才能对管理层形成有力的监督和约束。

（2）外部收购者的收购行为会给自身和目标企业带来巨大的收益，而不会对后者的股东利益造成损害。

（3）金融市场中恶意收购机制的存在是企业这种生产组织形式具有高资源配置效率的保证，不应对这种行为进行任何方式的长期干预和限制。

外部治机制的代表性的研究文献有哈里斯和雷维夫（1990）、詹森（1993）等。

资本结构控制权模型主要探究的是公司在面对收购威胁时所做出的反应，因此，其结论多针对企业的短期资本结构，而对长期资本结构问题几乎不涉及。

（四）基于产业组织理论的资本结构研究

产业组织理论（Industrial Organization Theory）侧重研究的是非完全竞争条件下的企业行为与市场构造，通常不将企业的资本结构作为考虑的因素。关于资本结构的绝大多数研究又一般将产品市场带来的现金流量视为外生的给定条件，也不太多地涉及，两个研究领域在很长一段时间内是相互独立的，直到 1986 年，布兰德和刘易斯（Brander and Lewis）首次证明资本结构对产品市场均衡有影响。随后，哈里斯和雷维夫（1991）综合运用这两种理论来研究企业融资问题，从而开创了一个新的研究路径。朱武祥（2003）将这一理论分支称为战略公司财务学派。

源于该路径的资本结构研究文献日渐丰富，这一学科交叉领域展开的研究关注点在产品、企业和行业特征与融资决策之间的互动影响上，相关成果对处于不同竞争战略和竞争结构的行业中的企业，在资本结构上所表现出的明显差异进行了有效的解释。其核心观点是，公司在竞争性的环境中，为实现价值的最大化，将选择不同的产品市场竞争策略（或保守，或积极），不同类型的产出策略会直接影响企业的融资选择，负债—权益比的变化不仅会涉及公司出资者（股东和债权人）的利益，而且还会给包括竞争对手、供应商在内的其他利益相关者带来影响。在考虑多方因素的博弈过程中，公司最终会依据自身行业、产品特征的不同而选择有差异的资本结构。

从 1958 年莫迪格里亚尼和米勒奠定现代资本结构理论研究起点开始，历经半个多世纪的探索，学者们不断尝试放松经典 MM 理论中苛刻的前提条件，从更多维的视角，运用更复杂的手段，围绕企业的融资决策展开全方位的探讨，提出了诸多颇有见地的模型和观点，希望借以对企业的现实表现做出更确切的解释，并帮助企业寻找最有利的融资策略。前人的研究取得了丰硕的成果，使资本结构领域在百家争鸣的学术氛围中显现出蓬勃的生机。值得注意的是，前述这些隶属于标准金融理论框架的融资问题研究，将诸多产品市场、金融市场的外部因素和公司层面的内部因素纳入了相关的分析模型，但没有将决策参与者作为个体经济人在选择过程中所固有的心理偏差考虑在内。这一研究前提的欠缺在某种程度上影响了相关理论的说服力，我们将其统称为理性范式的资本结构研究。

第二节　行为金融发展与融资理论演进

1958 年 MM 理论的提出，奠定了现代资本结构理论的起源，半个多世纪以来，学者们从不同的角度对企业融资行为进行了探讨，但各种理论和模型的构建都有特定的假设前提和内在逻辑，理性范式中的融资理论通用的研究假设是：

（1）管理者或投资者是理性的；

（2）资本市场强式有效或至少是半强式有效。这些假设与现实世界明显不符，无论是投资者还是公司的管理者都是"正常的傻瓜"，总是做着"正常"而"非理性"的决策（奚恺元，2006）。

遗憾的是，金融经济学（即标准金融学）研究总是认为，人们会在追求目标最大化过程中做出正确的决策，而对于决策过程或判断的质量几乎从不探究。在经济学的各个分支中，金融经济学可能是最少进行行为研究的了（De Bondt and Thaler，1994）。许多意识到这一问题的研究人员，开始不断尝试对经典金融理论假设进行修正和完善，经过长期努力，在"非理性经济人"和"非有效市场"前提下，逐渐诞生了很多新的学术成果，以此为基础，形成了现代金融学领域的研究前沿——行为金融学，相应地，也产生了行为公司金融理论（Behavioral Corporate Finance），融资决策仍然是行为公司金融学的研究重点之一，通常被称为行为资本结构理论。

一　假设的释放与行为金融学的产生

20 世纪 80 年代以来，随着标准金融学研究的深入，金融市场越来越多的异常现象无法用现代经典金融理论进行解释，成为金融学的"未解之谜"。如羊群效应、小公司效应、规模效应、股权溢价之谜等。这些新的发现推动了金融学研究的进一步发展，吸纳了心理学研究成果的行为金融学逐渐成为金融学研究中的一个重要领域。行为金融较为系统地对现代主流金融理论提出挑战并有效解释了众多市场异常行为，它从投资者的实际决策心理出发，重新审视人所固有的心理偏差对金融市场整体以及其他参与主体的影响，它的关注点由投资者"应该怎样做决策"转变为"实际是怎样做决策"的，它的研究思路是，从更贴近于现实的视角去探究投资者心理层面的因素对决策选择以及市场定价所起到的作用。行为金融学对标准金融理论分析框架的三个经典假设提出了系统性挑战和修正。

（一）投资者有限理性

行为金融学以心理学对人们决策行为研究成果为基础，提出了投资者有限理性或非理性假设。相对于标准金融理论，行为金融学指出，人们的认知过程中存在偏差，而且并不像以往假定的那样根据贝叶斯法则来对自己的认识进行修正。此外，人们的决策行为实际上是一种对"期望"的选择，而期望的实质就是各种风险结果的均值，期望选择依据特殊心理过程和规律，并非遵循预期效用理论的各种公理性前提或假设。卡尼曼和特夫斯基将这种决策模式的成因归于人的两个缺点：一是人的自我控制能力时常会被情绪破坏，而这种自控能力对于理性决策是必不可少的；二是人们会存在认知困难，不可能完全理解自己所遇到的问题，心理学研究成果证明了这种认知困难普遍存在。总而言之，在行为金融学的研究视野内，参与经济活动的个体由于认知偏差、情绪、情感、偏好等心理因素的共同作用而无法以理性人方式对市场做出无偏估计。

（二）非有效市场假设

无套利均衡理论是维护市场有效的内在力量，而现实的金融市场中，由于制度、信息和交易成本等因素的干扰，套利①交易受到极大限制。以套利有限性为基础的非有效市场假设，是行为金融学研究的主要前提之一。行为金融学为这一研究前提给出的解释是，

---

① 沙珀和亚历山大（Shaper and Alexander, 1990）将"套利"定义为，在两个不同的市场中，以有利的价格同时买进和卖出同种或本质相同证券的行为。根据标准金融理论观点，套利行为是无风险、无成本的，理性投资者可以借由套利行为获得超额收益，并因此而纠正市场的定价失误，保持市场均衡。在无套利均衡状态下，金融资产的市场价格等于其内在价值。

市场中同时存在两种不同类型投资者，理性的套利者和非理性的投机者（即噪声交易者），由于相关风险和成本①的必然存在，理性的套利者无法将非理性的投机者"赶出"市场，反而在一定程度上，理性的套利者也会转化为非理性的投机者，进而导致风险资产价格出现较大波动，市场效率因此被削弱，金融资产价格可能在长期内偏离其内在价值。

（三）群体行为

通过对个体有限理性②研究的扩展，行为金融学进一步分析经济活动参与个体间的相互联系和作用对整个金融市场的总体表现和性质的影响，并以此为基础探究市场价格的波动规律和内在反应机制，并认为群体性的决策偏差③会导致市场定价的系统性错误。

综上所述，行为金融学中用"前景理论"④替代"预期理论"⑤作为研究的基础，借鉴心理学与行为学对投资者行为的研究成果，对标准金融理论的假设提出了系统性的质疑，构建了新的分析框

---

① 如基础风险、噪声交易者风险、履约成本、模型风险等。

② 如确定性效应、同结果效应和同比率效应、反射效应、孤立效应、偏好反转、隔离效应（Disjunction Effect）等。

③ 如羊群效应。

④ 前景理论是心理学及行为科学的研究成果，由卡尼曼和特夫斯基提出，通过修正最大主观期望效用理论发展而来。前景理论是描述性范式的一个决策模型，它假设风险决策过程分为编辑和评价两个过程。在编辑阶段，个体凭借"框架"、参照点等采集和处理信息，在评价阶段依赖价值函数和主观概率的权重函数对信息予以判断。价值函数是经验型的，它有三个特征：一是大多数人在面临收益时是风险规避的；二是大多数人在面临损失时是风险偏爱的；三是人们对损失比对收益更敏感。因此，人们在面临收益时往往是小心翼翼，不愿冒风险；而在面对失去时会很不甘心，容易冒险。人们对损失和收益的敏感程度是不同的，损失时的痛苦感要大大超过获得时的快乐感。卡尼曼因这一贡献而获得 2002 年诺贝尔经济学奖。瑞典皇家科学院对此的解释是："他将来自心理研究领域的综合洞察力应用在了经济学当中，尤其是在不确定情况下的人为判断和决策方面做出了突出贡献。"

⑤ 预期效用函数（冯·纽曼—摩根斯坦效用函数）被表述为：对一件抽奖商品的效用可表示为对抽奖结果效用函数的数学期望：$\bar{u}(L) = \sum_{i=1}^{N} P_i u(C_i)$，其中，$u$ 表示 $C \rightarrow R$ 是普通序数效用函数。预期效用理论的基本内涵是：在风险情境下的最终结果的效用水平是通过决策主体对各种可能出现的结果的加权估价后获得的，决策者谋求的是加权估价后形成的预期效用的最大化。

架，其核心基础假设包括投资者是有限理性的个体；投资者的有限
理性行为不是随机发生的；金融市场是非有效的。李心丹（2003）
以标准金融理论为参照，对三者之间的逻辑关系做了总结和归纳
（见图2-4）。行为金融学的分析框架和研究主题源于标准金融学，
又与后者形成鲜明的对比，在批判和完善既有理论的过程中，行为
金融学逐步发展壮大，丰富了金融学的研究视角、思路、方法和
成果。

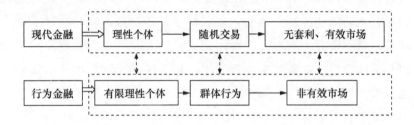

图2-4 标准金融学与行为金融研究主题对比

资料来源：李心丹：《行为金融理论：研究体系及展望》，《金融研究》2005
年第1期。

二 行为金融与标准金融理论的差异

行为金融学作为行为经济学的一个分支，关注人们在投资决策
过程中表现出的认知、感情、态度等心理特征，以及由此而引起的
市场非有效性。作为一个新兴的研究领域，到目前为止，学术界还
没有给出关于行为金融内涵的严格界定。饶育蕾和张轮（2005）总
结了几个比较有代表性的说法，具体包括：Hsee（2000）认为，行
为金融是将行为科学、心理学和认知科学上的成果运用到金融市场
中产生的学科。它的主要研究方法是，基于心理学实验结果，提出
投资者决策时的心理特征假设，来研究投资者的实际投资决策行
为。富勒（Fuller，2000）所下的定义为：（1）行为金融学是将心
理学和决策科学与古典经济学、金融学相融合的科学；（2）行为金
融学试图解释导致金融市场异常的原因；（3）行为金融学研究投资
者是如何在判断中发生系统性错误的，或者说是研究"心理过失"

怎样产生的。施莱弗（2000）认为，在最一般意义上说，行为金融是研究竞争市场上人类易犯的错误，但又不仅仅局限于此，而是把这些错误放入竞争性的金融市场来考虑。此外，希勒（2003）指出，行为金融学是从包括心理学和社会学在内的更广阔的社会科学视角来研究的金融学；舍夫林（Shefrin，2007）更精练地将行为金融学定义为是关于心理因素如何影响金融行为的研究。

金融学是研究人们在不确定环境中如何进行资源时间配置的学科（博迪、莫顿，2000）。依据这一界定，行为金融学与标准金融学具有相同的核心研究内容，它们都立足于金融市场，探讨不确定环境下金融资源跨期最优配置问题，致力于研究如何实现市场均衡以及怎样确定金融资产的合理价格。作为隶属于同一学科的两种理论分析框架，它们的差异更多体现在视角、参照系（或基准点）以及分析工具等方面。①

（一）创新的研究"视角"

标准金融学眼中，经济活动的参与主体是"理性人"，在这一得到传统经济学普遍认同的假设基础上，标准金融学历经半个多世纪的发展，构建起完整而严谨的理论大厦。理性人假设使学者们可以用数理模型来刻画投资者的行为，但局限于"完全理性"层面的研究，也使得人们的视线越过真实且复杂的决策过程，直接聚焦于选择的结果，标准金融理论侧重告诉我们理想状态下事情"应该"是怎样的。

心理学研究证明，被标准金融理论忽略了的决策过程中，很多固有的认知偏差将导致人的行为偏离"完全理性"模式且没有恒定标准，人们带着"偏差"的判断和选择最终会影响相关金融决策。行为金融学的研究正是着眼于此，在承认"非理性"是人的常态的前提下，探讨决策过程中的心理偏差会通过怎样的机制作用于选择

---

① 钱颖一（2002）在《理解现代经济学》（《经济社会体系比较》2002 年第 2 期）一文中认为："现代经济学代表了一种研究经济行为和现象的分析方法或框架。作为理论分析框架，它由三个主要部分组成：视角、参照系（或基准点）以及分析工具。"

的结果。发展至今，"非理性"假设已经成为探讨金融资源配置问题时，独特而不可或缺的新视角。

（二）更贴近现实的"参照系"

有效市场理论（EMH）和预期效用理论是标准金融理论框架中的"参照系"，虽然大量实证研究结果表明，这个参照系对现实市场的刻画效果有限，但它仍然为人们提供了一套完整的，能够用来做决策判断的标尺体系。学术界非常认同上述"参照系"无可比拟的贡献，但同时，也并没有止步于此。长期以来，研究人员始终在通过不同方式、使用不同思路对其进行修正和完善，行为金融学的兴起，是其中一条学术思路的成功。自 20 世纪 80 年代以来，行为金融学逐渐发展起了一套新的"参照系"——非有效市场和期望理论，并在此基础上尝试对金融异象进行解释。行为金融学所构建的参照系重在反映"真实"的市场是如何运行的，而不像标准金融那样更多讨论的是"完美"的市场是怎样配置资源的。虽然它同样不具备对现实世界精准的反应效果，但是，毫无疑问，它将理论向现实又推进了一步，以问题为导向发展起来的这一理论框架对市场表现有更强的解释力。

（三）多样化的"分析工具"

以数理模型推导为核心研究方法的金融经济学，或标准金融学，一直被认为是一种"非实验科学"。它多借助高度抽象的数学结构和图形图像来概述和分析错综复杂的经济行为，希望能够找到纷繁现象背后的客观规律。行为金融学在保留了这些有效手段和工具的基础上，首次将"实验"的方法引入金融学研究过程中，并取得了良好的效果。金融理论的发展和检验越来越倚重于实验数据的支持。更多样化的分析工具的运用，为这一学术前沿领域的迅速成长壮大提供了强大的动力。

总体来说，行为金融学仍然认同标准金融学在一定条件下的正确性，同时行为金融学更加侧重采用一种以人为中心的生命范式来取代原有的机械式的力学范式，其发展为金融学科的演进注入了鲜活的生命力。我们借助表 2 - 1 来比较两种理论框架的主要区别。

值得一提的是，目前，作为行为金融学主要学术分支的行为公司金融学，正被越来越多的研究者所重视。行为公司金融理论相信公司内部管理者的非理性与外部金融市场投资者的非理性，都将对公司的投、融资行为产生直接而显著的影响。

表 2-1　标准金融学与行为金融学比较

	标准主流金融学	行为金融学
理论基础	"理性人"假设	投资者实际决策模式（应变性、偏好多样化、追求满意方案等）
分析方法	推理和数学模型	综合运用经济学、数学、实验经济学、心理学等多种方法
涉及学科及领域	经济学、金融学、数学	经济学、金融学、数学、心理学、生物学、社会学、系统动力学等
研究视角	将复杂的经济现象抽象为简单的数学模型	探究决策过程中投资者的实际行为和心理依据，并基于此对经济现象加以解释

资料来源：李心丹：《行为金融理论：研究体系及展望》，《金融研究》2005年第1期。

三　行为资本结构理论的研究思路

公司金融学是研究企业在当前和未来如何进行财务资源取得和使用的学科。在标准金融学分析框架里，对公司投、融资行为的研究中多假设内部管理者是完全理性的，且外部金融市场参与者也是完全理性的。如表2-2中的区域A所示，在这一理想状态下，公司融资决策所要重点考虑的是如何解决委托—代理和信息不对称问题。其核心思路是：公司的投资者会通过契约关系和市场的外部治理机制来激励和约束内部管理者的行为，保证其尽可能地以公司价值最大化、股东价值最大化为目标去从事投、融资选择。从传统资本结构理论到现代资本结构理论，再到后现代资本结构理论，学者们逐渐将委托—代理关系、税收、财务困境、控制权以及信息不对称等因素引入资本结构研究中，取得了丰硕的成果。目前，主流的资本结构理论都集中在这一组假设里。

表2－2　标准公司金融学与行为公司金融学的研究假设

	投资者理性		投资者非理性
管理者理性	区域A（理想状态）	代理问题、信息不对称等	区域C
管理者非理性	区域B		区域D

资料来源：李心丹：《行为金融学：理论及中国的证据》，上海三联书店2004年版，第201页。

　　行为经济学、行为金融学的兴起拓展了人们研究视野，研究人员开始尝试在其他三组假设前提下探讨企业融资问题（见表2－2）。

　　区域B的研究假设是：公司内部管理者是有限理性的，认知偏差会导致他们做出的融资选择将偏离公司价值最大化的目标（虽然他们坚信自己是为公司价值最大化而努力的），但是，外部金融市场的参与主体仍然保持完全理性，因此，他们会对企业发行的金融证券做出正确的估值。目前，该组假设下的研究主要集中于探讨管理者表现出的过度乐观和过度自信偏差对企业融资行为的影响。

　　区域C的研究假设是：外部金融市场投资者是有限理性的，他们会相对错估企业证券的价值，市场的非有效性导致这种"误价"在一定时间内存在，因此为企业提供了可能的低成本的融资时机窗口；公司的内部管理者是完全理性的，在以公司价值最大化为目的的行为选择中，他们能够意识到并把握住这种有利的融资时机，进行证券的发行或赎回。目前，区域C中相对较为成熟的融资理论是市场择时理论（Market Timing Theory）。

　　上述两组假设，虽然有其合理性的一面，但是，现实中更多的情况是：内部管理者与外部投资者都是有限理性的，区域D的研究尝试以这种更真实、更复杂的假设为背景探讨公司融资问题。认知偏差导致投资者和管理者都会存在估价失误，他们也都会意识到并努力利用对方的错误判断来谋求自身价值的最大化，这种互动循环博弈的过程必然对公司的融资问题产生影响。相关研究尚处于起步阶段，得到普遍认同的观点并不多。

　　本书的研究集中在表2－2中的区域B和区域C，即分别探讨当公司外部市场投资者非理性和内部决策主体非理性时，这些非理性因素对公司股权再融资决策的影响。相关的研究文献在后文的有关章节中进行回顾和评述。

第三章　中国上市公司股权
再融资现状与分析

我国企业的融资行为表现出明显股权融资偏好，这种异常的热情同时体现在公司对 IPO 和 SEO 的态度上。未上市之前，企业有着强烈的 IPO 意愿；IPO 之后，上市公司又显示出对通过配股、增发，乃至发行可转债等进行股权再融资的筹资方式的青睐。只有在由于政策的原因导致股权再融资受阻时，如募资门槛过高或暂停新股发行等特殊时期，才特别关注债务融资。本章首先借助对相关数据的统计分析，刻画我国上市公司所处金融市场环境和表现出的股权再融资偏好，进而考察这种偏好对上市公司乃至股票市场带来的影响，最后对已有的相关研究文献进行梳理和述评，明确本书的研究突破点。

第一节　中国上市公司股权融资环境与特征

在证券市场的各分支子市场中，股票市场和企业债市场是上市公司直接面对的股权再融资平台，公司的微观融资决策与宏观市场的发展状况既密切相关又互相影响。

一　中国证券市场发展与现状

（一）中国股票市场概览

我国股票市场建立初期，管理层对市场的调控效果不够理想，不成熟的市场状态显示出较强烈的地方主义色彩和实验性质，政府、交易所、机构及个人投资者的力量交织、博弈，共同影响市场

走向。1992 年 10 月，国务院证券委和证券监督管理委员会成立，
之后出台了一系列的制度和管理办法，这意味着政府开始尝试对市
场进行全方位的监管，确立其主导地位。股票市场在进一步发展和
扩容的过程中，逐渐暴露出更多亟待解决的问题，同时，在促进国
企改革和帮助其脱贫解困方面，股票市场也表现出无可比拟的巨大
作用，这些因素直接或间接地推动政府更深地介入股票市场的运作
和发展。至 1996 年，国家明确将股票市场纳入国家战略发展规划，
从而抹去了其"试验田"的标志。

表 3 - 1　　　　　　　　中国股票市场概况

年份	上市公司（家）	股票总筹资额（亿元）	股票总市值占GDP比重（%）	流通股市值占总市值比重（%）	投资者（万户）	股票成交总金额（亿元）	股票印花税收入/财政收入（%）	股票筹资/固定资产投资额（%）
1992	53	94.09	3.89	26.27	216.65	683.04	0.53	1.16
1993	183	314.54	9.99	24.40	835.17	3627.20	0.51	2.41
1994	291	138.05	7.66	26.25	1107.76	8127.63	0.93	0.81
1995	323	118.86	5.71	27.01	1294.19	4036.45	0.42	0.59
1996	530	341.52	13.83	29.13	2422.08	21332.17	1.73	1.49
1997	745	933.82	22.20	29.69	3480.26	30721.83	2.90	3.74
1998	851	803.57	23.11	29.46	4259.88	23527.31	2.29	2.83
1999	949	897.39	29.52	31.03	4810.63	31319.60	2.18	3.04
2000	1088	1541.02	48.47	33.45	6123.34	60826.65	3.63	4.68
2001	1160	1182.13	39.69	33.23	6898.67	38305.18	1.78	4.25
2002	1224	779.75	31.85	32.57	6841.83	27990.46	0.59	2.37
2003	1287	823.10	31.26	31.04	6981.25	32115.27	0.59	1.49
2004	1377	862.67	23.18	31.54	7215.73	42333.95	0.64	1.55
2005	1381	338.13	17.54	32.78	7336.07	31664.78	0.32	0.38
2006	1434	2463.70	41.33	27.97	7854.01	90468.89	0.51	2.24
2007	1550	7722.99	123.07	28.45	13887.02	460556.22	4.02	5.63
2008	1625	3534.95	38.65	37.25	15198.01	267112.66	1.51	2.05

续表

年份	上市公司(家)	股票总筹资额(亿元)	股票总市值占GDP比重(%)	流通股市值占总市值比重(%)	投资者(万户)	股票成交总金额(亿元)	股票印花税收入/财政收入(%)	股票筹资/固定资产投资额(%)
2009	1718	5051.51	71.64	62.0i	17149.68	535986.76	0.74	2.25
2010	2063	10121.30	76.08	63.30	18858.28	3203618.39	3.75	4.19

注：上市公司是指我国沪深交易所上市交易的公司，包括发行 A 股和 B 股的公司。

股票总筹资额包括上市公司通过发行 A、B 股进行 IPO 或 SEO 融资的总额。

资料来源：WIND 数据库；中国证券监督管理委员会编制：《中国证券期货统计年鉴(2010)》，学林出版社 2010 年版。

表 3-1 列示了我国股票市场的部分总体指标。从表中可以看出，在过去 20 年间，我国股市经过快速发展之后，已颇具规模。截至 2010 年年末，境内上市公司家数达到 2063 家，比 1992 年的 53 家增长了近 38 倍；年度股权筹资额超过 1 万亿余元，合计总筹资额达到 3.8 万亿元，为企业筹资提供了有力的支撑。股票成交总金额达到 320 余万亿元，较 1992 年的 683 亿余元增长了 4684 倍；流通股市值占总市值的比重从 1992 年的 26.27% 增加到 2010 年的 63.30%，始于 2005 年的股权分置改革，其效果日益明显；投资者开户数增长了近 86 倍，股票市场的参与广度大幅提高，通过购买股票，管理财富已成为中国百姓的常用理财手段之一。证券市场是整体经济发展的"晴雨表"和发动机，股票市场的快速成长依托于中国经济的腾飞，也为中国经济的发展起到了无可替代的推动作用。在过去的 20 年时间里，我国股票市场总市值占同年国内生产总值的比重从 3.89% 飙升至 76.08%，股票印花税收入占财政收入的比重从 0.53% 增长至 3.75%。B 股作为我国特殊时期的特殊政策产物，在整个证券市场上始终处于次要地位，且自 2000 年 10 月雷伊 B 首次发行 6000 万股 B 股后，时至今日，上市公司再没有新发 B 股筹资，因此，本书讨论不涉及在我国市场利用 B 股进行的融资行为。

（二） 中国企业债市场概览

起步于 1984 年的企业债市场，虽然成立时间早于股票市场，但是，无论是从总体规模还是发展速度来看都长期处于落后地位，直至 2005 年，这一状况才有了改善的趋势。究其原因，主要是我国社会信用体系不健全，企业债发行审批制度市场化程度较低，从募资条件的设定到资金投向的管理，甚至是利率的确定，等等，所有这些方面都表现出清晰的计划经济痕迹，而且发行市场与交易市场分割明显，这些问题共同制约着我国企业债市场的发展进程。

从总规模看，表 3 - 2 列示了 1992—2009 年部分能够反映我国债券市场发行融资概况的指标；图 3 - 1 描绘了我国企业债融资与股票融资规模发展趋势及数据对比情况。数据显示，2007 年之前，企业债券发行总规模小于股票筹资额。其中，1992—2007 年，我国企业债市场的募资总额为 14495.64 亿元，而同期的股票市场募资数额几乎是其两倍。2004 年之前，两者的数据对比差异更大。2004 年 2 月，国务院发布了《关于推进资本市场改革开放和稳定发展的若干意见》①，其中明确提高了对企业债市场的发展定位，这大大鼓励了市场的创新热情，推动了其以更快的速度发展。2005 年，股票市场开始进行股权分置改革，并因此暂停了融资功能，这等于变相地支持了企业债市场的发展，当年，企业债市场的融资额首次超过了股票市场的融资额。2008 年之后，企业债融资规模开始高速增长。2008 年、2009 年两年更是明显高于股票融资额，显示出强劲的发展势头。2011 年，中央提出的"十二五"规划中再次明确指明要"积极发展债券市场"，作为我国"多层次资本市场体系"的一部分，债券市场面临着新的历史机遇，它的发展也必将为企业融资提

① 2004 年 2 月 1 日，国务院发布《关于推进资本市场改革开放和稳定发展的若干意见》，第四条提出："积极稳妥发展债券市场。在严格控制风险的基础上，鼓励符合条件的企业通过发行公司债券筹集资金，改变债券融资发展相对滞后的状况，丰富债券市场品种，促进资本市场协调发展。制定和完善公司债券发行、交易、信息披露、信用评级等规章制度，建立健全资产抵押、信用担保等偿债保障机制。逐步建立集中监管、统一互联的债券市场。"

供更大的支持。

表 3 - 2　　　　　　　　　　中国债券发行市场概况

年份	企业债券（亿元）	可转换公司债券(亿元)	国债（亿元）	金融债券（亿元）	企业债券/债券总额(%)	企业债券/GDP（%）	企业债券/固定资产投资额（%）
1992	683.71	—	460.78		59.74	2.54	8.46
1993	235.84	—	381.31		38.21	0.67	1.80
1994	161.75	—	1137.55		12.45	0.34	0.95
1995	300.8	—	1510.86		16.60	0.49	1.50
1996	268.92	—	1847.77	1055.6	8.48	0.38	1.17
1997	255.23	—	2411.79	1431.5	6.23	0.32	1.02
1998	147.89	3.5	3808.77	1950.23	2.50	0.18	0.52
1999	158.2	15	4015	1800.89	2.65	0.18	0.54
2000	83	28.5	4657	1645	1.30	0.08	0.25
2001	147	—	4884	2590	1.93	0.13	0.53
2002	325	41.5	5934.3	3075	3.48	0.27	0.99
2003	358	185.5	6280.1	4561.4	3.20	0.26	0.65
2004	327	209.03	6923.9	4148	2.87	0.20	0.46
2005	2046.5	—	7042	5851.7	13.70	1.11	2.31
2006	3938.3	43.87	8883.3	8980	18.06	1.82	3.58
2007	5058.5	79.48	23139.1	11090.2	12.88	1.90	3.69
2008	8435.4	77.2	8558.2	10822.98	30.33	2.69	4.90
2009	15864.4	46.61	17927.24	11678.1	34.89	4.66	7.06
合计	38795.44	730.19	109802.97	70680.6	—	—	—

注：债券相关数据均为年度发行额；表中企业债券包括中央企业债券、地方企业债券、短期融资券、内部债券、住宅建设债券及地方投资公司债券。

资料来源：WIND 数据库；中国证券监督管理委员会编制：《中国证券期货统计年鉴》(2010)，学林出版社 2010 年版。

从内部结构看，多参照系的对比数据都说明企业债占比偏小，市场结构有待优化。正如表 3 - 2 中数据显示的那样，以 GDP 为基准，企业债发行额占比平均只有1%；国债或金融债筹资额都远高于企业债；即便是与固定资产投资额相比，企业债规模也不理想，不能忽视的制度背景是，企业债的发行主体多是大型国有企业，上市公司发起募资的较少，国家发改委①作为企业债券的直接管理者，希望利用这种筹资方式来帮助企业满足固定资产投资的资金需要。2008年、2009年的数据相对乐观，这些不平衡状态有被修复的趋势，但是，不能就此说明现状被改善了，应该对企业债券市场未来的发展充满期待，但保持谨慎的乐观。

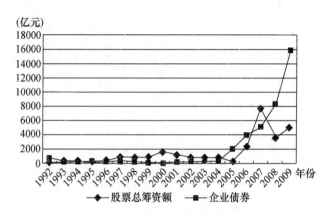

图 3 - 1　企业债融资与股票融资额比较

资料来源：同表3 - 1和表3 - 2。

　　综上所述，在过去20年间，我国资本市场总体高速发展的背后，其内部结构的失衡状态始终未得到有效改善，融资平台的缺陷制约了上市公司的选择空间和市场的资源配置效率。

二　中国上市公司融资特征分析

（一）上市公司融资结构分析

1. 总资产负债率

下面利用WIND数据库提供的数据，通过描述性统计方法，计

---

①　随着国家机构改革的推进，企业债主管部门的名称也多次变更：国家计划委员会（简称国家计委）、国家发展计划委员会（简称国家计委）和国家发展和改革委员会（简称国家发改委）。

算和分析 2003—2010 年我国 A 股上市公司的融资结构特征。在数据筛选过程中，我们剔除了如下样本：

（1）金融类上市公司。原因是这类公司适用于特殊的会计和报告制度，而且具有与其他工业企业等上市公司明显不同的资本结构（如财务杠杆水平偏高）。

（2）除发行 A 股外，还在境内、外其他交易所（如纽约证券交易所、中国香港证券交易所）同时上市交易的公司，以及同时发行 B 股的上市公司，原因是避免由于不同市场的制度性差异对相关研究结果的影响，这种制度性差异主要表现在对股份发行的不同法律规定和市场本身的发达程度等方面（Wallance and Naser，1995）。

（3）ST、PT 公司。绝大多数这类公司的资产负债率都超过 1，会干扰计算结果。

（4）剔除其他资产负债率超过 1 的公司。这类公司属于资不抵债的特殊情况。

（5）在相关时期内，公司/年度内不具有可用资料。

表 3 - 3 和图 3 - 2 汇总列示了符合本书研究样本筛选标准的上市公司 2003—2010 年特定的融资结构指标。从图 3 - 2 和表 3 - 3 中可以看出，上市公司平均总资产负债率在 46.79%—50.97%，变动幅度不大，而且呈现先上升后下降的趋势，以 2006 年为界限。2005 年年底，我国证券市场开始实施股权分置改革，为配合改革的进程，自 2005 年 12 月至 2006 年 6 月停止所有形式的新股发行，即股票市场暂停了为企业提供外源权益融资的功能，在这一特定的历史时期，上市公司总资产负债率明显升高，而且随着新股发行的解禁，上市公司总资产负债率逐年递减。这种变化显示出资本市场的发展对企业资本结构具有显著影响。同时，在企业的负债中，流动负债比重很高，也就是说，在企业的长期投资中，非流动负债资金来源所做的贡献有限，对股权融资的依存度较大。从资产负债率的国际比较来看，拉简和津盖尔斯（Rajan and Zinggales，1995）的研究表明，美国、英国和加拿大企业的资产负债率在 55% 左右，德国、法国和意大利企业在 70% 以上，我国企业与西方发达国家的企

业相比，更加依赖股权融资。

表 3 – 3　中国上市公司的融资结构概况

年度	样本公司数目	总资产负债率（%）	权益乘数	流动负债/负债合计（%）
2003	869	46.79	2.33	86.52
2004	918	48.80	2.64	86.20
2005	1005	49.97	2.74	86.66
2006	1020	50.97	3.19	85.88
2007	1095	49.60	2.59	84.88
2008	1197	49.03	2.39	85.20
2009	1271	48.82	2.34	81.86
2010	1401	47.49	2.80	82.32

资料来源：WIND 数据库。

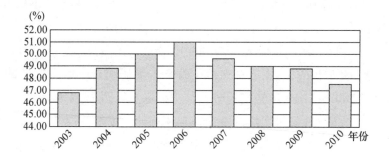

图 3 – 2　上市公司总资产负债率

资料来源：同表 3 – 3。

2. 外源股权融资比重

表 3 – 4 是利用梅耶（Mayer，2007）的相关数据计算出国际上主要发达国家上市公司的资金来源中内源融资与外源融资的比例。表中的数据显示，内源融资，亦即留存收益，在公司的全部资金来源中基本上都占半数以上的比重。外源融资占比最多的是法国，为64.8%；最少的是英国，为48.6%。反观我国上市公司的融资结构，表 3 – 5 中的数据显示，2000—2010 年，在近十年的时间内，内源融资比例最高不过是 23.55%，外源融资是我国上市公司最主

要的融资来源，且占比显著高于国际上主要发达国家。

表 3-4　世界主要发达国家内、外源融资比例比较　　单位:%

国别	美国	英国	法国	德国	意大利	日本	加拿大
内源融资	46.1	51.4	35.2	49.1	36.8	38.4	36.9
外源融资	53.9	48.6	64.8	50.9	63.2	61.6	63.1

注：数据为 2000—2006 年的平均值。

资料来源：Mayer，2007，"Myths of West"，World Bank，Policy Research Department。

表 3-5　我国上市公司内、外源融资比例　　单位:%

年份	2000	2001	2002	2003	2004	2005	2006	2007	2008	2009	2010
内源融资	20.85	21.12	20.54	20.71	21.66	21.98	23.55	21.37	20.59	22.41	23.39
外源融资	79.15	78.88	79.46	79.29	78.34	78.02	76.45	78.63	79.41	77.59	76.61

资料来源：根据 RESSET 数据库相关财务数据计算所得。

表 3-6 列示了相关国家上市公司外部融资中股权融资和债权融资的比例，从中可以发现，我国公司外源融资中，股权融资占比显著高于其他国家，为 79%，而排在第二位的法国，只有 31%。

表 3-6　上市公司外部融资来源结构的国际比较

国别	中国	美国	英国	法国	德国	意大利	日本	加拿大
债务融资	0.21	0.86	0.73	0.69	0.87	0.75	0.85	0.72
股权融资	0.79	0.14	0.27	0.31	0.13	0.25	0.15	0.28
债务融资与股权融资的比例	0.27	6.14	2.70	2.23	6.69	3.00	5.67	2.57

资料来源：《上市公司资本结构分析》，《上海证券报》2007 年 4 月 23 日。

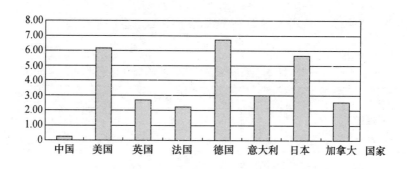

图 3 - 3　上市公司债务/股权融资比例

资料来源：同表 3 - 6。

综上所述，通过与国际主要发达国家的数据比较发现，我国上市公司的资金来源主要依靠外源融资，而外源融资中，有近 80% 都是股权融资，这种明显倚重于股权融资的资本结构与标准金融理论中的"啄食顺序理论"不符。根据"啄食顺序理论"内源融资成本低于外源融资成本，而外源融资中，债权融资成本低于股权融资成本，因此，公司在需要资金时，其融资顺序应为：首先进行内源融资，其次进行债务融资，最后才是外源股权融资。西方发达国家的市场数据验证了"啄食顺序理论"的合理性，而我国上市公司的融资结构数据却并非如此，体现出强烈的股权融资偏好。

3. 上市公司融资意愿

陆正飞、高强（2005）通过调查问卷，直接考察公司高层管理者对企业融资方式的选择倾向。调查对象是在深圳证券交易所上市交易的公司，其中 371 家公司回复了有效问卷。如表 3 - 7 和图 3 - 4 所示，问卷结果显示出强烈的股权融资偏好。由于历史和制度等方面的原因，我国企业长期以来一直具有强烈的 IPO 冲动，而陆正飞等人的研究说明，对于已上市企业而言，依然存在利用发行新股进行股权再融资的强烈意愿。如果按照累计融资额进行排序，问卷调查结果显示出的融资方式选择顺序是短期借款、留存收益、配股、长期借款、增发、新发普通债券、新发可转换公司债券。

表 3 - 7　上市公司对股权融资和债权融资的偏好

	样本数	百分比（%）
A. 偏好股权融资	289	73.91
B. 偏好债权融资	102	26.09

资料来源：陆正飞、高强：《中国上市公司融资选择情况调查问卷分析》，北京大学出版社 2005 年版，第 44 页。

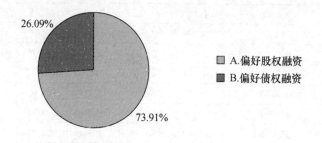

图 3 - 4　上市公司融资偏好

　　齐寅峰等（2005）也进行了类似的问卷调查，他们的调查对象是企业的总经理和财务总监等高层管理者，对收回的 670 份有效问卷（共发出 4342 份）进行统计分析的结果显示，根据融资方式的使用频度进行排序，公司的融资顺序是银行贷款、商业信用、留存收益、发行新股股权融资、融资租赁和债券融资。这种排序方式虽然在权益融资方面留存收益排在发行新股之前，这一点与优序融资理论的核心观点相同，但是，从更宽泛的口径看，内源融资并未排在首位，债权融资也未明显优于发行新股融资。

　　我国上市公司的股权融资偏好，既表现在对 IPO 的强烈冲动上，也表现在 IPO 之后积极利用增发、配股和可转债进行股权再融资上。

　　（二）外源股权再融资的发展

　　表 3 - 8 列示了 1992—2010 年中国上市公司外源股权融资的概况，图 3 - 5、图 3 - 6 是根据表 3 - 8 的相关数据绘制的趋势图。从中可看出，在近 20 年的时间里，我国企业利用资本市场进行外源股权融资的规模呈现从缓慢上升到快速扩张的总趋势。

表 3-8　中国上市公司外源股权融资概况

年份	首发募资额（A、B股合计）（亿元）	A 股市场股权再融资额				股票筹资/固定资产投资额（%）
		增发（亿元）	配股（亿元）	可转债（亿元）	合计（亿元）	
1992	94.64	0.00	0.00	0.00	0.00	1.16
1993	239.94	0.00	60.18	0.00	60.18	2.41
1994	60.73	7.68	51.51	0.00	59.19	0.81
1995	42.02	1.16	56.25	0.00	57.41	0.59
1996	253.03	0.00	66.71	0.00	66.71	1.49
1997	693.02	2.55	208.41	0.00	210.96	3.74
1998	417.47	30.46	344.76	3.50	378.72	2.83
1999	498.93	59.95	318.98	15.00	393.93	3.04
2000	854.71	281.68	509.53	28.50	819.71	4.68
2001	563.18	135.13	430.64	0.00	565.77	4.25
2002	516.96	193.08	56.61	41.50	291.19	2.37
2003	453.51	98.52	76.52	185.50	360.55	1.49
2004	353.46	186.44	104.77	209.03	500.24	1.55
2005	57.63	266.69	2.62	0.00	269.31	0.38
2006	1642.56	1049.70	4.32	43.87	1097.89	2.24
2007	4469.96	3345.97	227.68	79.48	3653.13	5.63
2008	1034.38	2278.11	151.57	77.20	2506.88	2.05
2009	2021.97	3021.59	105.97	46.61	3174.17	2.25
2010	4911.33	3771.76	1438.22	717.30	5927.27	4.19
合计	19179.46	14730.47	4215.25	1447.49	20393.21	

　　资料来源：WIND 数据库；中国证券监督管理委员会：《中国证券期货统计年鉴》(2010)，学林出版社 2010 年版。

　　1992—2010 年的统计数据显示，股票市场共为已上市公司提供了 20393.21 亿元的外源权益资金，其中，企业借助增发募资 14730.47 亿元，配股募资 4215.25 亿元。在再融资总量中，前者占 72.23%，后者占 20.67%，剩余的 7.1% 是可转债融资。增发募资、配股募资和可转债融资三者占比上的巨大差距说明，增发募资已经取代了配股募资，成为我国上市公司最主要的再融资手段。此外，值得关注的是可转债融资，虽然以往发行量并不太大，但是，仅2010年一年的数据就接近其有史以来总发行量的49.55%，说明这种间接的股权融资方式正在被市场所重视。

从图3－6可知，1993—2010年，配股融资额在2000年达到高点后逐年下降，2010年数据再次激增。究其原因，初期的投资者在公司进行配股融资时，通过资本利得获得过较为理想的回报，进而将其视为一种利好的信号。后来，由于监管层放松了配股融资的审批条件，导致采取这种方式进行再融资的公司数量大增，规模也开始爆发式攀升，并于2000年猛增至509.53亿元。面对上市公司强烈的配股冲动，投资者开始冷静下来，在质疑的气氛中，几乎是"闻配即逃"。与此同时，证监会开始出台文件①，对增发募资进行规范。增发凭借更宽松的审批条件、更高的募资效率，迅速吸引了上市公司注意，"弃配改增"现象频现，配股方式从此时开始渐渐被市场所冷落。同时，投资者和监管层也都警觉到了增发所表现出来的泛滥之势（仅2001年1—6月，提出增发预案的上市公司就达到110家），投资者"谈增色变"，选择"用脚投票"，证监会推出新规，提高增发门槛，直至2004年，这种状况才得到改善。也就是从2004年起，增发融资量开始远高于其他两种股权再融资方式的筹资量，成为我国上市公司最主要的股权再融资手段。关于可转债，除2003年和2004年募资额高于增发和配股之外，其规模始终不大，但是，与其自身相比，2010年又有了很大的突破。

配股、增发与可转债监管制度历经调整，日趋成熟，上市公司再融资方式的选择空间和自由度一再加大。企业现有资本结构是其多次融资行为的累加结果，这些融资行为是公司综合考虑自身特点、企业成长发展的需要、融资方式的成本与难易程度等多方面因素后所做的选择，它对微观层面的投资决策、公司治理，宏观层面的市场发展、监管政策变动等方方面面都将带来重要的影响。

---

① 主要相关文件有2000年4月颁布的《上市公司向社会公开募集股份暂行办法》和2001年3月颁布的《关于做好上市公司新股发行工作的通知》。

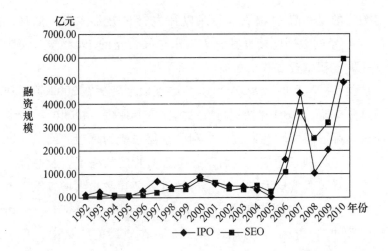

图3-5 1992—2010 年中国证券市场 IPO 与 SEO 融资规模比较

注：SEO 的融资额为当年上市公司增发、配股以及发行可转债所获得的筹资总额。

资料来源：同表3-2。

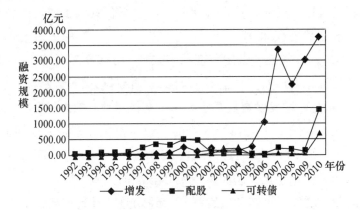

图3-6 1992—2010 年中国证券市场增发、配股和可转债融资规模比较

资料来源：同表3-2。

第二节 股权再融资偏好效应分析

理论界和实务界普遍认为，我国上市公司具有强烈的股权融资偏好，俗称为"圈钱"。绝大多数学者认为，公司的这种行为有悖

于在西方国家得到普遍认同和支持的优序融资理论，将其视为非理性的融资安排。事实上，这种偏好是企业对发展中的资本市场的一种适应，在融资主体与市场环境的不断交互影响中，股权融资偏好显示出正、负两方面的效应。

一　上市公司股权融资偏好的积极影响

资本市场作为高效筹资平台，为企业输送了大量的权益资金，有力地支持了企业个体的发展和国家整体宏观经济的增长。同时，金融环境的优化，股权分置改革的完成，使得资本市场在企业的治理结构中所起到的作用日益明显，上市公司的股权融资行为在为企业募得资金的同时也向其注入了外部治理机制。

长期以来，上市公司对股权融资的积极态度，在一定意义上助推了募资方式的变革、监管制度的完善、市场规模的扩大和投资者群体的成熟。资本市场的发展壮大又反过来为国有企业改革和民营经济跨越式发展提供了强大支持，当微观经济个体欣欣向荣时，整体宏观经济也充满活力。如表 3 - 1 所示，到 2010 年年底，股票在我国沪深证券交易所上市交易的公司总数为 2063 家，年度权益资本筹集额超过 1 万亿元，当年上市公司的市值总额相当于同期 GDP 的 76.08%，上市公司群体在我国经济体系中的影响力进一步加大，日益显示出举足轻重的作用。

宏观市场的现状与微观企业的行为相互影响，上市公司的股权融资热情也变相地促进了我国金融体系结构的革新和优化。我国经济历来对银行体系的依赖度偏高，证券化率始终较低，如图 3 - 7 所示，截至 2007 年 9 月，银行资产占我国存量金融资产的比重为 63%，远高于美国、英国、日本和韩国。此外，2001—2007 年，我国境内直接融资的筹资额与同期银行贷款增加额之比分别为 9.50%、4.11%、2.97%、4.49%、2.05%、8.38% 和 21.95%①，比例总体偏低。但是，从发展趋势上看，改善的迹象很明显。如表

---

① 参见中国证券监督管理委员会《中国资本市场发展报告》，中国金融出版社 2008年版，第 83 页。

3 - 1 所示，随着资本市场的发展，我国证券化率（股票总市值与 GDP 之比）从 1992 年的 3. 89% 攀升至 2010 年的 76. 08%。证券化率是用来衡量一国证券市场容量的指标，数值越大，说明该国虚拟经济越发达，证券市场在国民经济体系中的地位越高。相应地，该国经济对银行体系的依存度也就越低。我国这一指标的大幅攀升，意味着资本市场的发展分担了银行体系的压力，也对金融风险的分散起到了积极的作用。

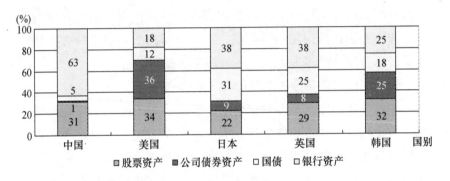

图 3 - 7　金融资产结构国际对照

注：中国数据截至 2007 年 9 月，其他国家数据截至 2006 年年底。

资料来源：中国证券监督管理委员会：《中国资本市场发展报告》，中国金融出版社 2008 年版，第 82 页。

股权融资偏好对社会生活也有一定良性作用。日益壮大的投资者群体（见图 3 - 8）是上市公司进行股权融资的市场基础，同时，上市公司发行的融资工具也丰富了国民的投资选择，为民众提供了一个可借以分享我国经济改革成果的渠道，股票投资的财富效应带动了消费的增长、激发经济的良性循环。

从微观层面看，上市公司的股权融资偏好一定程度上源自其内在对长期资金的渴求，这种周期超长、数额巨大的资金是银行体系难以提供的。资本市场的支持能够帮助企业把握住发展契机，实现价值和规模的快速增长。

此外，股权融资偏好弱化了企业对银行资金的依赖度，降低了其财务风险水平。

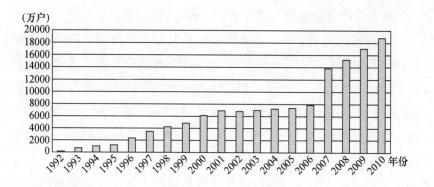

图 3 - 8　中国股票市场投资者开户数

资料来源：同表 3 - 1。

二　上市公司股权融资偏好的消极影响

虽然上市公司股权融资偏好具有一定的积极作用，但是，总体来讲，其表现出来的更多是消极影响。

（一）股权融资偏好导致的企业行为偏差

1. 融资滥用

上市公司在确定融资数量时，如果其目的不是满足能够增加股东价值的投资项目的资金需要，而是尽可能多地获得权益资金，那么，这种融资行为造成的典型后果将是过度融资和募资投向变更①，我们将其统称为融资滥用。其中，前者指的是大量被筹集来的资金没有按照最初的计划去投资，而是闲置不用的现象；后者指的是恶意变更资金用途的情况。

① 我国上市公司股权再融资行为需要报请证监会核准。正常情况下，从制订计划到完成筹资，通常需要 1—2 年时间。正是由于这个时间差的存在，很多上市公司都借助投资项目市场环境发生变化的名义，在筹资后变更资金的用途，或闲置这些资金。这种理由从表面看虽然不无道理；但事实上，上市公司为未来投资项目进行募资时原本就应该充分考虑到这种募资时间差的影响，因此，这更像是遮掩最初融资动机的借口，而不是有说服力的理由。当然，募集资金投向变更行为也有一部分是正常、合理的。比如，由于受国家产业政策重大改变、城市规划调整、产品市场突变、合作方变故、主营业务变更、地方政府干预、项目审批时间过长、关键性技术变故、国际环境等因素的影响，上市公司为确保募集资金使用效率，通过规范合法的程序变更募集资金投向，这属于善意变更，是企业的正常投资选择，应予支持。此处仅针对恶意变更行为进行探讨。

变更后的资金用途主要有如下几种：

（1）通过关联交易，将其用于购买大股东的资产。这是母公司或控股股东假手于上市公司进行"圈钱"的重要手段。此时，最初拟定的投资项目只不过是一个虚设的借口，项目选择本身有很大的随意性。再融资计划一旦成功，所筹得的资金就通过"变更投向"而输送到大股东或母公司手中。虽然这种行为已经被证监会明令禁止，但是，基于"圈钱"诱惑，这种现象仍然屡有发生。

（2）长期资金被当作短期流动资金使用。当出于各种原因，计划中的项目被暂停或取消，而上市公司又没有其他好的替代投资选择时，筹集来的长期资金往往会被用来作为短期流动资金的补充。根据金融学的基础理论可知，股权融资的成本较高，而流动资产的获利能力较低，将较高成本的资金用于较低收益的用途上，会降低公司的价值，是一种资源的浪费。

（3）上市公司也会将募集来的资金用于自营买卖股票和委托理财，寄希望于通过投资虚拟经济来获得超额收益。近年来，金融资产的价格泡沫导致资本市场表面的投资回报率非常诱人，相比之下，实业投资的利润率显得较低，这使得很多上市公司开始无心发展主业，借助再融资筹集的资金被人为地"闲置"起来。在对委托理财的监管方面，通过延期操作，亏损的理财结果在账面上得不到体现，上市公司也不会为此主动计提坏账准备，过于宽松的制度下，风险和成本被隐藏了起来。

总之，大量来自证券市场的权益资金又通过金融资产投资行为涌向证券市场和商业银行，极大地扰乱了市场秩序。

（4）还有很多上市公司用这些权益资金去偿还银行贷款，监管制度的漏洞使得这一行为并没有被明确禁止，但这种不违法的资金使用方式却绝对是对募资投向的恶意变更。

过度融资和募资投向变更与上市公司的股权再融资偏好之间具有密切联系，因果双方形成恶性循环，最终导致相关公司的价值损失，削弱了证券市场的资源配置效率。

2. 盈余管理

根据美国会计学家凯瑟琳·雪珀（Schipper，1989）的解释，盈余管理实际上是企业内部管理层为获得某些私人利益而采取的有目的的财务报告披露管理行为。① 有研究表明，导致盈余管理的两个前提条件分别是契约摩擦和沟通摩擦。如果委托人和代理人之间没有契约摩擦，抑或两者之间不存在信息不对称问题，那么就没有盈余管理的必要了。

进行股权再融资的公司为了提高新证券的市场发行价格，或者为了获得再融资资格，在再融资之前常通过提高非正常应计项目方式进行利润操纵。阎达五等（2001）、陆宇建（2002）等学者针对我国市场的实证研究显示，当证监会为再融资申请设置了强制性的业绩标准后，上市公司报告的 ROE 指标也相继呈现出 "10%" "6%" 聚集的现象。这种现象在某种意义上证明，部分上市公司在借由盈余管理的会计操作手段蒙骗投资者，美化财务报表，使得投资者无法了解到上市公司的真实业绩，最终诱导外部分析师高估其公司的市场价值。在这些公司募资计划成功后，前期被粉饰的业绩真相逐渐显现出来，再融资后业绩的普遍下滑，从另一个角度证明，上市公司会为了再融资而进行恶意的盈余管理。

盈余管理对于上市公司既有积极作用也有负面影响，是一把"双刃剑"。在会计准则允许的情况下进行适度的盈余管理，有助于保持企业业绩的稳定，建立其良好的市场形象，强化普通投资者的信心。但是，考虑到我国尚不成熟的证券市场背景，现阶段的盈余管理行为，其负面作用远大于正面效果。市场对上市公司披露的财务信息的最基本要求是"可靠"，然而，由于盈余管理的存在使得"可靠性"蒙上了阴影，以虚假的繁荣误导广大投资者的投资决策，使得这些财务信息使用者无法了解企业的真实状况，最终的结果仅

① 通过有意设计安排真实交易，或者仅凭会计手段（主要是利用相关政策）的调整都可以实现盈余管理。一般来说，前者被称为"真实的盈余管理"，后者被称为"披露管理"。

仅是满足了企业"圈钱"的短期目的。当投资者、债权人意识到这种行为的存在后，对相关财务数据的怀疑将使其低估公司价值，从而在更长远的时间内增加公司的融资成本，影响企业的融资效率。总之，为满足股票融资偏好而进行的恶意盈余管理在长期内将导致公司价值的损失，甚至是整个资本市场资金配置效率的降低。

（二）股权融资偏好导致的资本市场缺陷

上市公司强烈的股权再融资偏好，是对资本市场资金聚拢功能的过度使用，相比之下，资本市场原本应发挥的资产定价、激励约束、资源配置等作用却被弱化，甚至是扭曲了。尤其是当控股股东或母公司将上市公司视为谋取私有利益的工具后，再融资所服务的就不再是企业的正常经营业务和长远发展目标，错位的恶意融资行为将动摇投资者的信心，干扰市场总体的健康发展，影响其功能的正常发挥。

1. 弱化价值发现功能

证券的市场价格是对其内在价值的一种反映，投资者凭借与公司有关的各种信息做出买、卖证券的决策，通过套利机制迫使价格真实地反映价值。根据有效市场假说，在强式效率型的金融市场中，证券的价格应该即时、精确地反映公司的内在价值。在现实生活中，虽然市场不像理论中描述得那样完美，但健康的证券市场中，资产价格仍然不会长期、大幅度偏离其价值，价值发现功能是证券市场的基本职能之一，其作用的正常发挥是保证资源配置效率的基础。

我国上市公司对股权融资的过度热情削弱了市场的价值发现功能。为保证再融资计划的成功实施，上市公司会借由盈余管理等多种手段向市场传递错误，或至少是模糊、不够真实的信息，干扰投资者和监管部门的信息甄别和处理，加剧市场中的信息不对称，影响价格对信息、对价值的反应效率。被扰乱的资产价格体系无法正常引导资源的流动，从而阻碍资本向具有更高边际利润率的项目聚集，被弱化的价值发现功能影响的是整个国民经济的长远发展。

2. 损害中小投资者利益

一般情况下，中小投资者可以通过两种途径获得股票投资收益，分别是现金股利和资本利得收益，而上市公司的股权再融资行为对上述两种利益输送方式都有影响，恰当、适度的筹资可以增加中小投资者的收益，过度甚至是恶意的再融资将会导致中小投资者的损失。股权再融资计划如果成功，通常会重整上市公司的资本结构，如果对所筹集资金的运用不能带来更好的经营业绩，那么，无论是原有还是新进股东的利益都将受损。尤其是在控股股东掏空上市公司之后，坚持价值投资理念的中小投资者更是损失惨重。中小投资者是资本市场长远发展的基石，也是市场的弱势群体，对其利益的损害、对价值投资理念的动摇，会使整个市场投机之风盛行，市场将偏离健康发展的轨道。

3. 扭曲资源配置功能

资本市场是金融资源配置的平台，货币信用经济体系里，资本市场在整体国民经济资源配置中处于关键、核心、基础的地位。对投资者利益的有效保护，可以将更多资金引导到投资领域；对企业价值的精准反映，可以保证社会资源被高效地分配和使用。但是，上市公司为满足自身股权融资偏好所进行的诸多行为，扭曲了资本市场的资源配置功能。

在我国市场背景下，上市资格、再融资资格本身就是一种稀缺资源，面对不够完善的市场监管制度，企业为获得这种资源并借以谋求私有利益，常会采取各种非常手段，将正常的权益融资行为演变成了恶意"圈钱"，市场的价值甄别作用几乎失效，价格在资源配置过程中的信号作用弱化，金融市场，乃至整个国民经济市场体系中的资源配置效率被削弱。

第三节　对股权再融资偏好的
已有解释：文献述评

大量研究表明，我国上市公司表现出强烈股权再融资偏好，这种过度的热情与标准金融学中的经典资本结构理论的主流观点并不相符，有人将其称为"股权融资偏好之谜"。很多学者围绕我国金融市场中的这种突出偏好展开过深入、广泛的研究，并提出了多角度的解释。① 总体来说，这些研究从下述三方面展开。

一　立足于资本市场环境的分析

劳伦斯（Laurence，2001）等在以 10 个发展中国家企业的融资结构为对象进行研究后指出，法规制度、市场环境等方面的差异是导致不同国家和地区的企业具有不同融资选择偏好的主要原因，经典的资本结构理论并不适用于所有国家和地区。很多学者支持这一观点，认为特定的资本市场环境是导致我国上市公司股权融资偏好的重要因素。

（一）直接原因：融资成本的差异

有观点认为，直接决定融资顺序的原因是不同融资方式在成本上的差异。西方相对较成熟的资本市场中，债务融资的成本低于外源股权融资成本；而我国正好相反。因此，上市公司为获得低成本的资金，理性的选择就是更偏好于股权再融资。

在这一研究思路中，核心问题是如何测算股权融资成本。研究人员尝试过很多不同的方法，其中，具有代表性的有：陈晓和单鑫（1999）使用上市公司的税后利润除以权益资本市值；吕长江和王克敏（1999）、黄少安和张岗（2001）用现金股利除以每股市价。

---

① 股权融资偏好既表现为企业对 IPO 的热情，也表现为 IPO 成功之后的股权再融资倾向上。现有的文献在进行分析时，多数情况下是基于二者的合计数据展开讨论，即使加以区别，也多是针对 IPO 进行研究，专注于股权再融资的研究较少。

虽然他们的模型和数据检验结果都显示，我国市场中的股权融资成本低于债务融资成本，对股权融资偏好现象有一定的解释力，但是，他们使用的方法也存在一些明显的缺陷。陈晓和单鑫（1999）的模型没有充分考虑我国特有的股权分置情况，未将流通股和非流通股区别对待。另外，由于我国上市公司普遍不喜欢进行现金股利分配，而零股利不代表股权融资没有成本，所以，吕长江和王克敏（1999）、黄少安和张岗（2001）的方法无法反映上市公司的真实融资成本。陆正飞和叶康涛（2004）选择剩余收益折现模型，规避了上述问题。但是，他们借助 Logit 模型的研究结论是，股权融资成本与上市公司股权融资概率是正相关的，这与其他学者的观点不一致，也无法解释我国的股权融资偏好现象。就此，他们给出的解释是：融资成本高低并不是决定公司融资顺序的唯一因素。在综合考察权衡理论、啄食顺序理论、契约理论等主流资本结构理论中的主要因素后，他们发现，企业规模、自由现金流量、破产风险、成长机会和第一大股东持股比例都将影响公司的融资选择。

此外，阎达五等（2001）以当时上市公司最主要的股权再融资方式——配股为对象进行的描述性统计分析发现，符合 2000 年配股要求的公司，近 70% 都有配股意向，剩余 44 家未提出相关方案的公司中，有 29 家是在 1998 年已经实施过配股了的。导致这种强烈的配股偏好的原因是配股融得的资金几乎是无代价的。根据金融学理论，投资者为其承担的额外风险会要求额外补偿，股权投资的风险高于债权投资。相应地，上市公司的股权融资成本一般情况下应该高于债权融资成本，我国市场中为什么不是这样呢？上述研究主要针对不同融资方式的成本进行了分析和比较，但是，没有更深入地挖掘表象背后更深层次的原因。

（二）深层原因：不够成熟的市场现状

相比于其他发达国家的金融市场，我国资本市场存在诸多不完善的地方。万解秋（2001）指出，如果将信息不对称、市场投资者非理性以及市场的非有效性都纳入考虑的范畴之内，那么在我国的市场背景下，仅用融资成本的高低来解释企业的融资顺序特征就显得有些偏颇了。袁天荣（2003）也认为，市场基础环境本身的缺陷，尤其是制度安排上的不成熟，是导致我国上市公司股权融资偏好的深层次原因。

处于转轨期的中国证券市场，需要借助行政监管的力量来维持稳定，促进发展，政府的监管是在市场机制无效或低效时的必要补充。当然，相关的政策法规体系也会经历一个逐渐完善的过程，就历史与现状来看，制度层面围绕上市公司股权再融资行为所作出的规定总体表现出软约束的特征。这种相对宽松的制度环境，一方面降低了再融资难度，另一方面也使上市公司可以借助盈余管理等不规范的行为来实现进行权益融资的目的。

引入信息不对称理论之后，资本结构研究的主流观点认为，融资方式的选择是一种信号，金融市场中的外部投资者通过捕获相关信息来对企业价值进行甄别，其基于这些信息所做出的投资决策会对企业价值造成直接的影响，而企业价值的涨跌又将导致内部管理者利益的增减。在完善的市场背景下，上市公司之所以会谨慎地对待外源股权融资，是因为它承载了有损于企业价值的消极信息。然而，我国不完善的制度背景加剧了市场中的信息不对称情况，由此而产生的"逆向选择"和"道德风险"，反而为上市公司选用外源股权融资方式提供了动机。管征、范从来（2006）运用信息经济学的相关知识，在理论上对其进行了充分论证。

此外，权益融资只是满足企业长期资金需要的一条途径，企业会在综合考虑所有融资渠道基础上做出最终选择，我国企业债市场长期以来发展落后于股票市场，资本市场结构发展的不均衡也在一定程度上导致了上市公司的股权融资偏好。

二 立足于公司内部特征的分析

股权集中度过高、公司治理结构不完善等问题影响我国上市公司方方面面的表现，有学者也曾探讨过它们是如何影响公司融资决策的。如方媛（2007）就指出，债务融资行为给企业带来的不仅仅是资金，还有特定的治理效用，不同期限、不同等级（优先级债务或次级债务）的债务融资所带来的治理效应是有区别的，它们共同在公司治理机制中发挥着重要的作用。企业的股权结构特征、管理者持股状况等因素都将对融资选择产生影响。

"一股独大"是我国上市公司股权结构典型特征之一，股权分置改革实施以前，其绝大部分是不可流通的国有股或国有法人股，由此衍生出的内部人控制、委托人缺位等问题时至今日依然是影响我国上市公司运营效率的负面因素。

袁国良等（1999）认为，在我国的金融市场背景下，股权融资成本对企业来说只是一种软约束，实际融资成本很低，企业会偏好于这种低成本的融资方式，而"一股独大"的股权结构更加剧了这种偏好。

王乔、章卫东（2005）从内部人控制的角度进行分析，发现公司控股股东与管理者为追求自身利益最大化，都有强烈的动力去选择实施股权融资。理由是：一方面，由于非流通股处于绝对控股地位，因此，进行股权融资在为企业带来现金流量的同时，并不会有太过明显的股权稀释效果，这使得管理者在利用这些增量现金流量增加自身效用的同时并不会丧失实际控制权。另一方面，借助关联交易等手段，非流通股股东可以很轻易地将流通股股东的利益据为己有。这就不难理解为什么企业内部决策主体对股权再融资有如此高的热情了。

张祥建、徐晋（2005）运用"隧道行为"的概念对控股股东的控制权收益做了进一步解释，指出大股东偏好于股权融资的原因是他们能够在融资过程中获得隐形收益，但是，这些收益的本质是对中小股权投资者利益的侵害。

岳续华（2007）的研究得出了相似的结论。

此外，王鲁平和马建民（2008）使用控制效度因子描述公司对经理人的控制程度，构建了通用的股东和经理人利益决策模型，在理论上证明并解释了上市公司偏好股权融资的经济机理。

三　考虑非理性偏差影响的分析

上述针对我国公司股权融资偏好的研究，多数采用标准公司金融理论分析框架，即假设与股权再融资行为相关的外部市场投资者是完全理性的，且公司内部决策者也是完全理性的。然而，现实并非如此，心理学研究证明，资本市场中的投资者和公司内部的决策者，在认知与决策过程中都会受到非理性心理偏差的影响，无法像经典的"经济人"假设刻画的那样去做选择。

饶育蕾（2003）、董梁（2003）、陆蓉和徐龙炳（2004）、王美今和孙建军（2004）等诸多学者的研究结论都证明，投资者非理性的心理偏差对我国金融资产的价格会形成系统性的影响。依托于日渐成熟的行为金融理论，越来越多的学者开始尝试基于非理性视角对上市公司的股权融资偏好进行研究。

管征（2005）认为，上市公司会选择在市场出现有利的时机窗口时进行股权再融资，而这种时机窗口的存在是市场的非有效性和投资者的有限理性共同作用的结果。我国上市公司所表现出的强烈的股权再融资偏好，正是对这种股权融资时机窗口长期存在的一种反映。

王亚平、杨云红和毛小元（2006）用事件研究法来考察我国上市公司再融资后的股价表现，并比较增发和配股这两种再融资方法对这种异常回报的影响，他们的结论是市场择时行为确实存在。

汤胜（2006）运用一般多元回归模型和 Logit 模型进行了类似研究，更为系统地探讨了我国上市公司的股权融资时机选择问题。

易勇（2009）在充分考虑再融资监管政策变动的基础上，再次验证了我国股票市场中确实存在择时效应。

到目前为止，运用行为公司金融理论分析框架对上市公司股权再融资偏好的研究多集中于"市场择时"理论的应用，即多集中于探讨公司管理者理性而投资者非理性的假设下，如何解释这种"异常"的融资偏好。而对于投资者理性，但是，公司管理者非理性的假设条件，以及投资者与管理者均不理性的假设条件则鲜有研究。本书在借鉴前人研究成果的基础上，希望利用行为金融的基础理论，对我国上市公司表现出的股权再融资偏好进行分析，探讨其背后的原因，并以此为依据寻找促使上市公司股权再融资行为更加合理化的方法。

本章小结

本章首先对我国上市公司制定股权再融资决策面对的市场环境特征进行分析，明确所研究问题的现实背景。其次对我国上市公司表现出来的融资结构特征进行探讨，通过描述性统计方法，揭示相关财务数据背后所体现出的股权再融资偏好倾向，并分析了这种偏好带来的宏观、微观层面的影响。最后，通过对已有相关文献进行回顾、梳理和评价，厘清研究思路。本章主要结论如下：

第一，过去 20 年，我国的股票市场和企业债市场发展迅速，对微观企业的成长和宏观经济的腾飞起到了巨大的促进作用。同时，由于各种原因，我国的资本市场相较于世界主要发达国家的资本市场而言，还是较落后、较不成熟的，无论是其内部分支子市场的结构、金融产品的结构、投资者的成熟度、监管制度的有效性等方方面面都还亟待完善。

第二，对上市公司财务指标分析证明，我国上市公司存在明显的股权再融资偏好。首先，对平均总资产负债率数据进行分析发现，我国上市公司的总资产负债率平均为 50% 左右，相较于发达国家的上市公司而言，明显偏低，说明我国公司更多地使用了股权融资。同时，流动负债在负债总额中的比重长期超过 80%，这说明，我国公司的长期融资来源中，债权融资实际占比很小，股权融资占绝对多数。其次，外源融资的数据显示，我国公司的资本结构中，外源融资比重占近八成，外源融资中，股权融资又占近八成，这些数据与啄食顺序理论明显不符，也明显有别于发达金融市场中上市公司所表现出来的资本结构特征。最后，对上市公司进行的直接问卷调查结果说明，近七成上市公司明确表示有股权融资偏好。综上所述，正如众多学者所发现的那样，我国上市公司确实存在强烈的股权融资偏好。

第三，与上市公司资本结构数据所表现出的股权融资偏好对应，我国外源股权再融资规模表现出由缓慢上升到快速膨胀的发展趋势，股权再融资手段日趋丰富，上市公司选择的空间增大。

第四，上市公司的股权融资偏好有其积极影响的一面，但更多的还是负面作用。它导致微观经济主体出现融资滥用、盈余管理等行为偏差，影响了上市公司的长期价值，同时，也干扰了资本市场发挥正常的资源配置功能，损害了中小投资者的经济利益。我们应对这种"异常"的偏好进行约束和监管。

第五，针对我国上市公司长期存在的股权融资偏好，国内学者们展开过广泛而深入的研究，试图明确其影响，找到其背后的原因并提出有效的治理措施。多数已有研究都是在标准金融理论的框架体系中展开的，但标准金融理论的前提假设与我国这类发展中的金融市场所表现出来的实际情况差异较大，因此，很多研究结论对现实的解释力有限，且存在争议。近年来，随着行为金融理论的逐渐发展和成熟，有学者开始运用相关理论进行研究，希望找到更有说服力的解释。本书在借鉴前人研究成果的基础上，将进行更加深入和全面的探讨，从外部市场有限理性但内部管理者理性和外部市场理性但内部管理者有限理性两个维度展开对我国上市公司股权再融资决策的研究。

第四章 中国上市公司股权再融资决策的非理性影响因素分析

　　股权再融资决策属于资本结构研究范畴，资本结构是公司金融学的核心研究领域之一，国内外理论界的相关研究成果非常丰富，这一方面说明了资本结构问题的重要性，它吸引了研究人员的广泛关注；另一方面也说明了资本结构问题的复杂性，在众多成果中，虽然有一些得到了共识，但更多的观点是有争议的。

　　企业资本结构的形成和演变是多方面因素综合作用的结果，标准金融学中的权衡理论、代理理论、信息不对称理论、基于控制权竞争的理论、产品市场竞争理论等，都就此展开过充分的讨论。然而，标准金融学理论并没有将现实世界中普遍存在的非理性因素纳入研究框架。外源股权融资行为中的参与主体主要有作为融资方的上市公司、作为出资方的投资者和相关的政府监管部门三大类。在标准金融研究假设中，这三方参与主体都是完全理性的，显而易见，事实并非如此。我们认为，投资者与政府监管部门的行为共同构成了股权再融资决策的外部市场环境，而上市公司中的参与融资计划制订的所有者和管理者是其内部决策主体，本章分别讨论影响股权再融资决策的外部市场环境中的非理性因素和内部决策主体非理性行为的原因，并在后续章节中利用实证分析方法进一步展开相关研究。

第一节 外部市场效率缺失影响
股权再融资决策

有效市场假说，根据市场价格对信息的反应效率不同，将市场分为强式效率型、半强式效率型和弱式效率型三类。标准金融理论对公司股权融资的研究多是以强式效率型市场为背景，其研究基础明显偏离我国的实际情况。作为发展中的金融市场，我国投资者的非理性行为表现明显，监管政策和手段有待完善，市场总体的成熟度偏低，无法为公司理性决策提供必备的治理约束力，外部市场的非理性因素对公司的股权再融资决策干扰较大。

一 有效市场假说遭遇的挑战

马科维茨的资产组合理论（MPT）、夏普—林特—布莱克（Sharpe – Linter – Black）的资本资产定价模型（CAPM）、莫迪格利安尼和米勒的资本结构理论（MM 理论）以及布莱克—肖尔斯—莫顿（Black – Scholes – Merton）的期权定价理论（OPT）共同构成了标准金融学的核心理论基础。在这一分析框架内，关于投资者最优投资组合选择、资本市场均衡状态下金融资产价格形成机制的相关问题，似乎都可以得到合理的解释。

从 20 世纪 50 年代开始引起人们的关注，标准金融学一直在争议声中不断发展完善，并逐渐成为金融学领域的主流学派。有效市场假说（EMH）是上述分析工具共同的理论基石，其严密的逻辑体系曾一度被认为是无懈可击的。有效市场假说建立在三个依次递进的假定的基础上，它们分别是：

（1）市场中的投资者完全理性；

（2）即使存在部分非理性投资者（也被称为噪声交易者），那么非理性交易决策也是随机发生的，不会对资产的市场价格造成影响；

（3）即使非理性交易选择不是随机发生的，那么理性投资者通过无成本无风险的套利行为，也可以让噪声交易者遭受损失，最终退出市场，从而保证市场的有效性，使价格能够反映资产内在价值。

有效市场假说的推导有很强的逻辑性，但是，实证研究所发现的越来越多的"金融异象"说明，标准金融学的这一支柱理论在现实市场体系中是不完全成立的。

一方面，投资者完全理性是有效市场假说成立的必要保证，心理学研究表明，人在决策过程中存在固有的心理偏差，实践中，决策者不但不可能向理论描述的那样"完全理性"，而且，这些非理性的决策表现也不是随机发生的。

另一方面，套利的有限性使资产价格与价值的长期偏离成为可能，在某些情况下，不是理性投资者将噪声交易者逐出市场，而是恰恰相反，后者迫使前者转化为噪声交易者。巴伯里斯和塔勒（Barberis and Thaler，2001）对导致套利有限性的原因做了系统分析，指出了如下风险和成本的存在：

（1）基础风险，如果想通过高买低卖，获得套利收益，纠正价格偏差，那么投资者需要找到完美的替代证券。事实上，理想的替代品难以获得，这就使得套利者必须承担与股票基本面信息变动直接相关的风险。

（2）噪声交易者风险，在资产价格相对于其价值发生非理性偏离时，理性的投资者有时会揣摩噪声交易者的操作策略，并顺势而为，进一步加大价格的偏离程度，以期在对趋势的把握中获利。也就是说，他们"理性地"转变为噪声交易者。

（3）履约成本，投资者需要为套利行为支付佣金、融资融券成本等费用，而且，寻找可供套利的机会，这种行为本身也不是没有成本的。更极端的情况是，即使愿意承担高昂成本，法律法规的限制也可能使投资者面对套利机会却无能为力。

（4）模型风险，投资者需要借助模型去评估资产的内在价值，但是，没人能保证模型评估的结果一定是正确的，这种不确定性也限制了套利行为的进行。此外，如果投资者使用的不是自有资金（如基金经理），那么，持续时间过长的套利交易将使他们承担收入减少、清算风险增加等压力，为规避这些压力，他们会更谨慎地对待套利决策。

鉴于上述原因，行为金融学认为，金融市场是非有效的，投资者的有限理性、套利的有限性，会导致市场中价格与价值的长期偏离。反观我国金融市场，机构投资者群体虽然发展迅猛，但是，总体规模和成熟度都有待进一步提高；个体投资者的非理性表现明显，"从众心理""庄家情结"突出，市场稳定较性差，很容易形成羊群效应，对资产价格产生系统性影响；市场套利机制不健全，融券卖空交易、股指期货等都是2010年才刚刚推出，而且都没有大规模开展，尚处于试运行阶段，股票市场没有完全摆脱"单边市"状态；证券监管法规体系不够完善，存在无法可依、执法不严、惩戒不力的情况，对理性投资者、奉行价值投资理念的市场参与者的利益保护力度不够。这些现状都表明，我国证券市场与强式效率型相去甚远。

我国股票市场的现实情况与有效市场假说有巨大的差异，这也是基于标准金融理论的研究，对我国股权再融资偏好的解释力有限的重要原因之一。在对导致我国股权再融资市场环境弱式有效的诸多原因进行深入剖析的过程中，有两个关键的因素需要我们特别关注：一是投资者群体自身无法避免的认知偏差；二是强制性政策监管的效率缺失。

二 认知偏差与市场择时理论

（一）认知偏差与市场效率

外部市场投资者通过认购上市公司发行的各种证券，帮助后者实现不同性质的融资行为。投资者依据其所收集到的相关信息对公司的发展前景进行预测，并基于这种预期做出各自的金融资产买、卖决策，影响相应证券的市场定价。在金融市场中，投资者的决策过程会受到多重因素干扰，外界市场环境与其自身固有的认知偏差，都会诱使他们做出非理性的选择。

王瑶（2007）梳理了心理因素对投资者非理性行为表现的作用关系图（见图4-1），从中我们不难发现，投资者的初衷是希望能够规避风险，尽可能做出理性的行为选择，但因能力所限，他们无法获得所有信息，也无法对已掌握的信息做出精确、充分的处理。为减少信息收集与处理的成本，他们会借助政策、媒体、市场传言、感觉、经验等的帮助，前景越不明亮，投资者越依赖上述模糊的信息处理机制，其认知偏差表现得也就越明显，最终的行为也越偏离理性的方向。

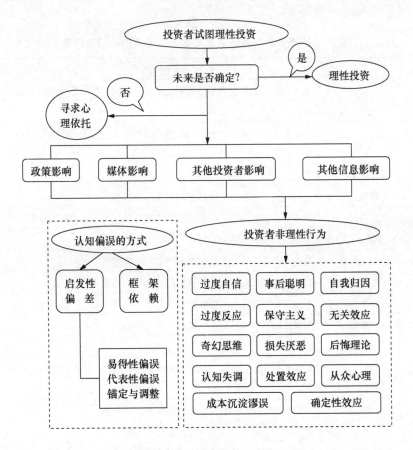

图 4 - 1　投资者心理变化

资料来源：王瑶：《上市公司融资决策的行为金融分析》，中国人民大学出版社 2007 年版，第 139 页。

　　行为金融学研究借鉴了心理学、社会学、人类学和政治学等学科的研究成果来分析金融问题。其中，对心理学研究成果运用得最多，以至于有人甚至将行为金融学等同于金融心理学。表4－1列示了部分可用来解释资本市场群体和个体行为偏差的心理学现象。这些现象的综合作用结果是，我国证券市场中的股票价格波动幅度大，羊群效应明显，价格长期偏离价值，形成市场整体的系统性风险。针对我国证券市场有效性的大量实证研究表明，我国股票市场尚处于弱式有效状态。

表4－1　可用来解释资本市场群体和个体行为偏差的心理学现象

有关现象	简单描述
奇幻思维	认为某种行为会导致我们想要的结果，虽然我们明确知道没有理由而且事实上根本不存在理由
确定性效应	情愿选择小的确定性收益，而不愿选择大得多的可能的收益，尽管后者的统计值更高
预期理论	非理性趋势，不大愿意赌赢，而愿意赌输
说服效应	更愿相信可靠的来源，而不愿相信可靠的推理
自我说服	当现实与态度冲突时，更愿改变自己的态度，而不愿意接受现实
代表性效应	往往认为观测到的趋势会延续下去
自我实现态度	做某些事情是因为它让我们感觉到我们是人物
错误舆论效应	一般过分重视那些与自己持相同态度的人的意见
自我防御态度	改变态度，以符合自己所做出的决策
身体标志理论	强烈的威胁产生身体反应，增加焦虑和恐惧
感觉综合征	过分看重自己个人的选择
易记性偏差	获取信息过程中，对容易记起来的事情更加关注，感觉其发生的可能性大
易得性偏差	简单地根据已获得的事件信息来理解被认知对象
次序效应	将获取的信息按一定的先后序列排列其权重
同化错误	曲解得到的信息，使它看起来可以验证我们所做的事情
心理账户	将现象分成不同的类别，并且试图优化每一类而不是整个总体
代表性启发	习惯用大样本中的小样本去代替该大样本
惯用性法则	当遇到过去曾遇到过的类似问题或类似信息时，往往会重新使用上一次处理该信息时的习惯方法

续表

有关现象	简单描述
锚定调整法则	在我们判断评估中，往往先设定一个最容易获得的信息作为估计的初始值（锚点），目标价值以锚点为基础，结合其他信息进行上下调整而得出
框架效应	同一事物的不同描述能够使人产生概率判断上的系统偏差
参照点	决策受到那些看起来像正确答案的输入信息的影响
过度反应	对信息理解权衡过重，行为过激
保守主义	我们的思想一般存在惰性，不愿意改变个人原有信念，因此新的信念对原有信念的修正往往不足
无关效应	除非得到新的信息，否则我们避免做出决策，即使这些信息与要做的决策没有丝毫联系
选择性暴露	我们只是试图暴露对我们行为的态度有利的信息
选择性理解	曲解信息，使它看起来可以验证我们的行为和态度
自我归因	有些人容易把成功归于自己，或容易把失败归于他人或客观条件
损失厌恶	人们在经济活动中首先考虑如何避免损失，其次才是获取收益
后悔理论	力图避免那些证明自己错误的举动
认知失调	当证据表明自己的假设错误时，出现认知失调。试图避免这种信息，或者曲解它，而且试图避免那些使这些失调更为突出的举动
过分自信行为	过分相信自己的决策能力
事后聪明偏见	过分相信自己预测过去已发生的一系列事件的后果的可能性
验证性偏见	结论过分受到我们想要相信的事情的影响
成本沉淀谬误	试图在自己亏损的项目上投更多的钱以图挽回损失，说明我们总是将决策建立在对过去的记忆而非对未来的期望上
自适应态度	发展与自己交往的朋友相同的态度
社会比较	对于自己难以理解的事情，使用别人的行为作为一种信息来源
信息瀑布	人们在决策时会参考别人的选择，当选择是流行的或是比较权威的时，人们会忽略自己已获得的信息，而去追随大众的选择和判断
羊群效应	处在群体中的人们往往彼此模仿，循环反应和刺激，使得情绪高涨，变得十分不理性

资料来源：王瑶：《上市公司融资决策的行为金融分析》，中国人民大学出版社 2007年版，第 5—7 页。

　　股票市场尚未达到强式效率型之前，金融资产价格不能完全反映其内在价值，当价值被高估时，市场就为上市公司提供了降低融资成本，通过股权再融资获得额外价值的机会。行为公司金融学家们借助认知心理学的成果对金融市场中投资者的行为进行分析，提出了市场择时理论，也称为市场时机理论，该理论认为，市场时机是影响企业融资行为的重要因素。里特（Ritter，1991）指出，现代资本结构理论的一个重要分支就是针对股票融资的市场择时行为的研究。

　　（二）融资的市场时机理论

　　市场择时理论认为，理性的内部管理者会选择在公司股票价值被高估时进行更多的外源权益融资，而在公司股票价值被低估时回购股票或选择债权融资，从而借助股票价格波动来降低股权融资成本。最初，该理论被用于解释"IPO异象"，如IPO抑价[①]等。里特和韦尔奇（Ritter and Welch，2002）通过文献综述，回顾了近年来美国针对公司IPO行为的实证研究成果，指出，金融市场状况是公司发行股票时所重点考虑的因素之一，多数公司的股权融资行为都表现出市场时机选择的特征，即会选择在市场估值水平较高时实施股票发行。布劳和福西特（Brau and Fawcett，2006）以公司的财务总监（CFO）为对象进行调查，发现，82.94%的财务总监表示，股票市场的整体条件是其决定是否进行股票融资时重点考虑的因素。在此之前，格拉哈姆和哈维（Graham and Harvey，2001）的类似研究也得出了相似的结果。这些研究结论为市场择时理论提供了证据。在众多文献中，贝克和瓦格勒（Baker and Wugler，2002）及奥尔蒂（Alti，2006）的经典文献对我国学者在该领域内的探索影响最大。

　　贝克和瓦格勒（2002）率先系统地研究了股票市场择机行为对企业资本结构的影响。他们利用"加权平均市值/账面价值比"来

---

　　① IPO抑价（IPO Underpricing）现象是指首次公开发行的股票上市后（一般指第一天）的市场交易价格远高于发行价格，发行市场与交易市场出现了巨额的价差，导致首次公开发行存在较高的超额收益率。

衡量"市场误价"程度，借以考察市场择时效应对企业资本结构的长、短期影响。他们将公司财务杠杆变化原因分解为三部分，分别是外源股权融资额的增加，留存收益额的增加和杠杆变化残值，通过回归分析，证明"加权平均市值/账面价值比"会影响公司的外源股权融资行为，并进而对财务杠杆水平造成显著的影响。同时，他们检验了市场历史估值水平对公司资本结构的长期影响。得出的主要结论包括：从短期看，市场对股票估值偏高将导致公司财务杠杆水平的降低；从横截面来看，公司历史上较低的财务杠杆水平与较高的股价水平相对应；从长期来看，历史上金融市场对公司股票的估值可以在十年以上的时间内对公司的财务杠杆水平造成持续影响。贝克和瓦格勒运用市场择时理论对上述实证分析的结论进行了解释，指出，公司会选择有利的市场时机进行股票融资，这种择时行为会在长期内影响公司资本结构，公司的资本结构是其历史上权益融资过程中择时行为的累积结果。学术界通常认为，他们在这篇文献中所做的研究及成果标志着行为公司金融学中市场择时理论的形成。

奥尔蒂（2006）采用不同市场时机衡量指标进行研究，得出了不同的结论。奥尔蒂以 IPO 作为研究对象，利用月度 IPO 公司数量来界定热发市场和冷发市场，用一个虚拟变量 HOT 来表示公司对市场融资时机的选择。研究发现，作为市场时机度量指标的 HOT 变量与公司当期的财务杠杆变动显著相关，这意味着，如果公司管理者将热发市场视为低成本的股权融资时机，那么，他们会倾向于在当时选择外源股权融资；反之则相反。但奥尔蒂同时指出，在热发市场中进行 IPO 的公司与在冷发市场中进行 IPO 的公司相比，公司管理者随后会采用更多的债权融资来提高自身的杠杆水平，到 IPO 之后的第二年年末，IPO 时的市场择时效应对公司资本结构的影响就完全消失了。即股权融资过程中的市场时机选择行为确实存在，但不会对公司资本结构产生长期影响。奥尔蒂的研究所提出的热发市场效应与之前所广为讨论的其他股权融资影响因素都没有关系，是一个新的思路。

此外，贝克和瓦格勒（2002）的研究中采用的"加权市值/账面价值比"，由于包含公司成长性的信息，因此，虽然被后来的研究广泛采用，但一直存在争议，很多研究认为，这并不是反映市场时机的良好代理变量。相比之下，奥尔蒂所采用的市场时机判断标准"噪声"更小。

从 21 世纪初，我国学者开始系统利用市场时机理论进行研究，主要是针对中国金融市场中的数据进行相关实证检验，如刘澜飚等（2005）、刘端等（2005）、李国重（2006）、才静涵和刘红忠（2006）、汤胜（2006）、刘星等（2007）、易勇（2009）等。这些学者利用不同的方法和数据得出了类似的结论，即证明了中国上市公司存在市场择时行为，市场择时理论适用于我国市场。市场择时理论的提出是源于对较成熟的发达国家金融市场的研究，我国金融市场相比之下，效率性较低，受政府监管政策的影响很大，至今仍没有摘掉"政策市"的帽子。对于我国上市公司的股权再融资行为而言，除要考虑"市场误价"因素之外，还要充分考虑政府监管政策变动的影响，即把握监管时机。从增发、配股及可转债发行的监管制度来看，证监会直接掌控市场再融资发行节奏，对上市公司的再融资形成了硬约束。下面就我国的股权再融资政策进行讨论，从中不难看出，我国上市公司的市场择时行为，选择的不单是由于"误价"所带来的市场时机，还有监管政策时机。

三　融资政策变迁与监管时机

1992 年诺贝尔经济学奖得主道格拉斯·C. 诺斯（1988）曾说过，"制度，是市场效率的关键性决定因素"。面对投资者非理性行为所导致的弱式效率型市场，监管部门适当的行政调控，对维持市场秩序，提高市场资源配置效率具有一定积极意义。但是，我国资本市场从诞生时起就并非市场化机制的产物，而是由政府推动建立，由国务院、证监会以及具有相关权力的部委和地方政府等形成复杂、充满行政色彩的监管体制，这些机构组合在一起的管理力量以传统行政命令方式推动资本市场发展，使我国上市公司融资决策烙上深深的"政策"印记。就中国企业融资的宏观环境来看，新中国成立以来经历了三个阶段的发展和变化，分别是计划经济条件下的国家财政拨款、金融体制改革后的"拨改贷"和资本市场的发展和股权融资的兴起。我国上市公司外源股权再融资经过了从配股"一枝独秀"到配股、增发和可转债并驾齐驱再演变为增发占主导地位的历程，相应的监管规则也经过多次变化。本节首先分析了我国股权再融资发行制度的特点，进而梳理了相关监管政策的演进过程，以及对应的市场融资行为特征。从中我们不难发现，政府监管对我国上市公司的股权再融资决策有重大影响，甚至是决定性的影响。

（一）股权再融资发行制度比较分析

不同国家和地区的证券法律、法规及制度有所不同。其中，以股权再融资发审制度为例，主要分为注册制和核准制两类。

注册制是指发行人申请股票发行时，必须依法向证券监督管理机构如实申报所需材料，而证券监督管理机构必须尽职尽责对所接收材料进行全面、真实、准确和及时的审核。这种制度对发行人所处市场的发达程度和行业自律能力都有很高要求，但并没有对公司的财务指标作硬性规定，只要投资者认可，信息披露满足真实、有效、完整、及时的要求，管理层就不再设置其他附加限制，对公司的经营决策和各种商业行为不予干预。

核准制是指发行人在申请发行股票时，不仅要满足以上注册制的各种条件、如实申报所需材料，而且还要同时满足有关法律和管理层所规定的各种条件，证券监管机构有权否决不符合规定的再融资申请。在这种制度下，监管机构不仅要对发行人按规定申报的所有材料进行审查，还要对发行人的营业性质、企业实力、发展前景、发行数量及价格等条件进行严格审查，据此做出综合性判断，从而决定是否核准申请。

国际上，英美法系国家大部分采用注册制，而发展中国家多采用核准制。同一制度下，发行上市程序又分为自律型和他律型两种。比较极端的两种情况：一种是自律型注册制市场对上市公司再融资的管理相对宽松，要求披露的信息较少。代表性国家有韩国、日本和美国。另一种是他律型核准制市场则管理较为严格，要求较多。代表性国家有墨西哥、德国及中国台湾地区。我国大陆地区的情况是，2000 年以前，新股发审制度主要以计划审核制为主，也就是行政审批和核准制的综合制度。自 2001 年起，开始采用单一核准制。

事实上，到底采用何种发审制度取决于该国市场的具体发展状况。市场发育程度较低的国家大多以核准制为主，而市场经济较发达的国家则普遍采用注册制。对于市场发育程度较低的国家，核准制更有利于保护中小投资者的利益，但是，由于其中行政干预的手段更为明显，上市公司再融资并不容易实现；而注册制则充分体现了市场经济自我调节的主要功能。采用注册制的市场融资看似更为容易，但是，实际上也不尽然。尽管再融资门槛较低，但市场监管仍很严格，发达的市场一定拥有其健全的法律制度和完善的融资体系，而且，还有一批专业的中介机构对上市公司及其项目进行评估、分级，这非常有助于投资者对风险做出正确评判，对上市公司的再融资构成直接影响。此外，发达市场的管理层对于上市公司的违法违规行为，更侧重于事后的处罚和查处，企业违规成本更高。如在美国，上市公司申请再融资主要采用注册制来审核，市场化程度很高，再融资规模不得超过登记注册的原有规模。上市公司提出再融资申请后，很快就能完成所有必要的程序。此时，主要依靠市场力量去监督管理再融资所募资金。在这种制度环境中，美国上市公司再融资主要以证券融资为主，通过发行股票和债券的方式筹集经营和发展所需资金，其中比例最大的是发行公司债券和可转换债券。目前，美国拥有世界上最大的可转换债券市场。

（二）我国股权再融资体制变迁

我国上市公司股权再融资方式经历了由单一配股融资方式到配股、增发和可转债三种融资方式并存的发展过程。在此过程中，上市公司再融资行为表现出诸多不尽如人意的地方，干扰了证券市场优化资源配置功能的发挥。针对现实中存在的突出问题，监管部门不断加大监管力度、颁布了一系列的政策来调整再融资条件。回顾历史，这个过程可以分为以下三大阶段：

第一，萌芽阶段（1993—1998 年）。我国证券市场尚处于发展初期，计划管理体制下，国家对股票的再融资实行计划管理制。当时配股几乎是上市公司进行再融资的唯一选择，因为配股仅向原股东发行而不涉及新老股东利益平衡问题，不必向管理层申请新的股权融资额度，技术含量不高且定价低于同期市价。在此期间，证监会多次对上市公司配股条件及程序等制定新规。

1993 年 12 月，颁布了《关于上市公司送配股的暂行规定》，对于配股公司盈利情况、时间要求、前次募集资金的使用、配股比例等都做了严格的规定。1994 年 4 月，国资委颁布了《关于在上市公司送配股时维护国家股权益的紧急通知》，对国有股持股单位正确有效地行使股权、维护国有股利益方面做了硬性规定。这是因为配股后二级市场股票价格要进行除权，因此，在当时的股权分置情况下，配股对老股东具有强制性，除非提前卖出股票，否则不出资参加配股就会造成被动除权的市值损失。由于当时上市公司国有股所占比例较大，而且国有股股东要么资金不足，要么不履行管理职责，因此，不少公司的国有股股东选择转配股或干脆放弃配股，甚至有些公司放弃国有股配股权并自动划归个人股东分享，这实际上损害了国家利益，是一种变相的国有资产流失，也间接地损害了中小股东的利益。1994 年 9 月，证监会颁布《关于执行〈公司法〉规范上市公司配股的通知》，提高了对配股公司利润率水平的要求，以遏制上市公司通过配股恶意圈钱的行为。

1996 年 1 月，证监会颁布《关于 1996 年上市公司配股工作的通知》，对配股条件进一步完善，将基本条件扩至 8 个，并根据上市公司所属不同行业做出不同的硬性规定。1997 年 9 月，证监会颁布《关于做好 1997 年股票发行工作的通知》，对融资公司盈利情况做出更严格的规定，要求企业实际盈利应与其在招股说明书中所做预测相符，低于盈利预测 20% 以上的将停止其两年内的配股资格。同时，还对企业所融资金做了多方面的特别规定，包括资金投向、资金使用等，这些规定说明，监管部门已经开始对上市公司投资项目的选取以及频繁变更募集资金投向问题采取措施。

第二，试点阶段（1998—2001 年）。这一阶段融资进入市场化试点阶段，形成了以配股为主、增发和可转换债券为辅的格局。

1998 年，为了扶植一些诸如纺织、轻工等业绩达不到配股资格要求的基础产业，证监会制定了相对宽松的增发门槛（只要连续三年盈利，ROE 不低于同期银行存款利率水平即可），并从沪深两市中选取了 5 家上市公司作为增发试点。1999 年 7 月，上海上菱电器股份公司成功实施增发，标志着我国开始上市公司再融资的新探索。1999 年 3 月，为了加强对上市公司圈钱、投资项目选取随意性大及频繁变更募集资金投向的监管，证监会颁布了《关于上市公司配股工作有关问题的通知》，要求配股公司最近三个会计年度的加权平均净资产收益率保持在 10% 以上，且其中任何单年都不得低于6%，再次提高了配股的门槛，同时在配股资金的投向和使用上做出更严格的规定。2000 年 4 月，证监会颁布了一系列针对股票增发的文件，如《上市公司向社会公开募集股份操作指引》《关于做好上市公司公募增发工作的意见》以及《上市公司向社会公开募集股份暂行办法》，通过增发途径的融资开始有章可循，特别是增发的市场化定价趋势明显，实现了与国际接轨，一些符合条件的上市公司开始采用增发方式融资。至此，增发作为一种新的再融资方式，开始逐步为市场所认同。

第三，多元并举阶段（2001 年至今）。这一阶段，随着市场成熟度的提高，进入配股、增发和可转换债券并重的再融资多元化并举阶段。

2001 年 3 月，证监会颁布了《上市公司新股发行管理办法》，增加了公司增发新股所需柔性条款（主要是关于公司经营能力和发展前景的说明、预期和论证），门槛进一步降低。在这一政策的引导下，申请增发的公司迅速增多，甚至引起了市场的恐慌。2002 年7 月，证监会又发布了《关于上市公司增发新股有关条件的通知》，不得不再次提高了增发的门槛，对申请增发的上市公司在净资产收益率、资产负债率等十大方面都提出了更高的要求，使增发的审批制度更趋规范和完善，切实保护了投资者利益，从而抑制了市场上增发过热的现象。

事实上，证券市场成立以来，上市公司在表现出强烈的股权再融资偏好的同时，其控股股东却又频频放弃认购权，尤其是近些年，这一侵害中小股东利益的倾向愈加严重。2006 年 5 月，证监会针对上市公司控股股东放弃认购权的行为特别颁布了《上市公司证券发行管理办法》，降低增发门槛，对控股股东的认购做出了规定，意在鼓励上市公司根据实际情况灵活选择再融资方式，并把监管从事先向事中、事后转移，突出了市场化约束的新理念。至此，增发和可转债市场都取得了长足的发展，而配股市场则日渐萎缩，这标志着国内上市公司的再融资进入一个配股、增发和可转换债券并重的多元化再融资新阶段。

总的来说，我国政府在证券市场的股权再融资体制变迁中扮演着重要角色，对上市公司股权再融资的方方面面都进行了较强监管和行政治理。管理层之所以没有采取发达国家所普遍采用的股票市场治理模式，同我国尚不健全的法制结构和低效的运行机制有关。尽管这一治理方式带来了诸如严重的内幕交易、大股东侵害中小投资者利益等一系列问题，但是，从事前监管的角度来看，中国证监会对上市公司增发与配股的事前审核是有效率的（Chen and Yuan，2004；Pistor and Xu，2005），是特定制度背景下的一种次优选择。

回顾近十多年我国股权再融资监管制度的变迁，大体上可以用"修修补补"来概括，相关条例、文件、政策的出台多是"问题导向"的。监管思路不够清晰，以一时的稳定为调控目的，缺乏长远规划。当上市公司追捧"配股"时，监管当局降低了增发的门槛，引导企业放弃配股；等企业开始普遍"弃配改增"，增发泛滥之后，又急忙提高增发门槛；当发现企业募集资金投向变更频繁，资金使用效率偏低时，才开始推行募集资金使用情况公布制，并要求券商回访。摇摆不定的监管政策使得市场形成"一放就乱，一收就死"的循环机制和动态均衡（朱武祥，2004）。在这种背景下，上市公司的再融资决策一直受到政府监管行为的深刻影响。

第二节 不健全的内部治理机制难以遏制非理性决策

公司管理者的基本职责之一是制定融资决策，其行为既受公司规章制度的制约，也要得到股东的授权和认可。除此之外，行为金融学认为，管理者在融资决策制定过程中还会受到各种心理偏差的干扰，并表现出一定非理性的特征。有时管理者以为自己正在为实现企业价值最大化而努力，但实际上他们的行为效果却并非如此，这种情况下，我们就说管理者的行为是非理性的，它不属于标准金融学中代理理论的研究范畴。① 我国的上市公司采取的是与西方基本一致的现代股份公司制度，所有权与经营权相分离会导致管理者和公司利益的不一致性，也就是委托—代理问题。一般认为，通过设计合理有效的公司治理机制是可以消除管理者的自利行为、降低道德风险的。虽然良好的公司治理机制只是对制约理性管理者的行为能够起到较好的效果，它很难遏制管理者的非理性行为，但是，治理机制不健全和弱化却会使得管理者的非理性表现更加突出。

一 过度自信与管理者过度自信

心理学研究认为，放弃"理性人"假设之后，影响行为主体进行决策的主要心理特征之一就是过度自信。德邦特和塔勒（De Bondt and Thaler，1994）指出，在心理学研究中，通过分析人们的判断决策，得出的或许是最稳健的发现是，人们在判断决策时存在过度自信的倾向，这一结论有大量的证据可以佐证，即人们在做决策时，对不确定性事件发生概率的估计过度自信。

（一）过度自信概述

关于过度自信的定义，众多学者基于自己的研究和理解，给出

① 代理理论研究的前提是，假设公司管理者是以个人效用最大化，而不是企业价值最大化为目标进行选择。

了很多不同的表述，目前尚无一致的说法，但这些表述在本质上并无太大差异，其实他们都认为，过度自信是个体在认知上的偏差，人们因过于相信自己的知识和以往的经验，在进行判断时容易习惯性地高估自己所拥有信息的准确性或成功的概率。

过度自信的表现主要体现在以下几个方面：

（1）自我归因偏差。人们习惯通过自己已发生的行为结果来证明自己的能力，这就是自我归因过程。在这个过程中，相对于失败的信息，人们更愿意回忆那些成功的例子，过多地回顾成功的因素，就会不自觉地高估自身的能力水平，从而加深了过度自信的心理，从认知心理学角度上看，这就会导致归因偏差的存在。

（2）事后聪明偏差。人们往往会在事后为自己找到一个合理的理由，来解释事前的决策依据，从而凸显对自己决策能力的满意度，维护自己的尊严。事后聪明偏差把已经发生的事情都看成是显而易见的，是必然会发生的，人们很容易在事件的预测上产生错觉，想当然地认为自己具有"先知先觉"的能力，从而助长了过度自信的心理。

（3）过度乐观。过度乐观是指人们对一些积极意义的事件，主观上会认为发生的概率很大，对一些消极意义的事件，主观上会认为发生的可能性很小。很多时候，在研究中对于过度乐观和过度自信并不加以严格区分。

（4）优于平均效应。人们在对自己能力做估计时，主观上往往会有自利倾向，这种带有自利倾向性的表现就是"优于平均水平"。

（5）对事件发生的概率估计不准确。人们习惯对高概率事件的发生可能性进一步高估，对低概率事件的发生可能性更加低估。

（6）置信区间狭窄。人们习惯性地缩小对某一预测对象的后验概率分布范围，也称作估值的置信区间过于狭窄。

过度自信作为一种认知偏差是普遍存在的。有研究表明，历史经验、专业学识、信息采集量、业务难易、环境、性别等因素都会对认知偏差产生影响。Oskamp（1965）最早开始在心理实验研究中分析过度自信偏差，其研究证明，在加大信息采集量过程中，参与实验的人员，其所做出的判断并没有明显提高结果的准确度，但做决策时的自信度却同比不断增强。Yates、Zhu、Ronis 等（1989）研究认为，相对于常人，专家表现出自信倾向的频度更高。当某项任务具有一定难度时，人们在这一领域所具有的专业知识能力，会同所表现出的自信倾向呈正相关。当某项任务难度较小的时候，具有这一领域专业能力的人通常比普通人处置得更得当；但当持续增加某项任务的难度时，专业人员比普通人更容易产生过度自信倾向。Fischhoff、Slovic 和 Lichtenstein（1977）、Griffin 和 Tversky（1992）发现，人们遇到相对难度大的问题时，回答往往容易有过度自信倾向；在遇到相对容易、简单的问题时，回答却表现出缺乏自信的倾向。海沃德和汉布里克（Hayward and Hambrick，1997）认为，人员所处的外部环境与个人自信程度之间的关系是很紧密的，就企业而言，公司的治理环境是可以影响到公司管理者的过度自信程度的，比如治理环境比较宽松的企业，董事会的警惕性往往较低，对管理者的监督约束也是不很严格的，以至于出现决策偏差时，管理者自己往往都意识不到，尤其是董事长兼任总经理，这类董事和高层管理者间相互兼职比例较高的公司，管理者受治理结构约束较少，相对更容易表现出过度自信。Kirchler 和 Maciejovsky（2002）的实验结果证明，一个人的过度自信与个人经验之间是呈正相关的；但奚恺元（2006）、佛拉泽和格林（Fraser and Greene，2006）的研究结果并不认同这一结论。巴伯和奥迪恩（Barber and Odean，2001），Peng、Zhang 和 Li（2007）通过研究认为，过度自信，从性别上看，男人比女人更明显；但也有学者认为，性别上的差异同过度自信之间没有明显的联系。此外，有研究结果表明，行为决策领域中，华人管理者在决策时表现出的过度自信和风险控制特征，完全不是传统中国人的那种"中庸"和"谦逊"的呆板形象。在面对常识性问题时，亚洲人的过度自信程度超过欧洲人。再如，赖特等（Wright et al.，1978，1980）以基于国际比较的研究发现，以英国、中国香港、印度尼西亚三国和地区为例，就学生、政府公务人员的评估能力而言，尤其是面对不确定性事件时，英国明显强于中国香港和印度尼西亚。赖特等认为，这同各国文化有关，比如，马来西亚的文化比较教条，在这种文化背景下，一般其行为人的决策是缺乏弹性的，也不善于评估不确定性事件的发生概率。再比如中国人和美国人，通常决策中前者更愿意或者说更敢于去冒险，如果遇到的是常识性问题或者是概率判断类问题，前者也比后者更容易产生过度自信倾向。这说明教育方式不同、文化背景不同，其行为方式也不同。西方国家在教育方式上，多采用建构式学习，而东方国家在教育方式上多体现为指导式学习，这种差别使得西方国家的孩子比东方国家的孩子，在思维方式上更平衡，观点更广泛。

值得一提的是，在心理学研究中，过度自信和乐观是两个既有严格区分又紧密相关的概念。巴泽曼（Bazerman，2002）就认为，过度自信是人们因自利性心理所导致的、在自我评价时产生的认知偏差，而乐观则是一种信念偏差，是对经济前景等外生的未来事件进行预期时所产生的错误判断。在行为公司金融学研究中，"乐观"通常被用来刻画企业管理者过高地估计公司未来现金流均值的行为（Shefrin，2001；Heaton，2002；Hackbarth，2008），"过度自信"则被用来反映企业管理者低估公司未来现金流风险（波动性）的行为（Shefrin，2001；Hackbarth，2008），或者是面对公共和私人信息时，管理者更愿意把高权重加到私人信息上的行为（Gervais，Heaton and Odean，2003）。实际上，如果换个角度看，过度乐观和过度自信也是有着许多共同特征的，Malmendier 和 Tate（2008）研究表明，过度乐观往往源于过度自信。因此，在进行这一类的理论论证和实证检验时，绝大多数学者都把管理者的过度自信和过度乐观偏差视为同一回事，当然，也有少数人刻意对其予以区分（Ben – David，Graham，Harvey，2007；Hackbarth，2008）。本书遵循大多数行为公司金融学文献的研究思路，不对过度自信和过度乐观进行区分，将它们统称为过度自信，认为这种行为偏差的具体表现是，管理者因对自身能力和所掌握信息高度自信，从而低估失败的概率和忽视不利因素，高估成功的可能性并放大有利因素的影响。

（二）管理者过度自信概述

在对"管理者过度自信"进行界定时，研究人员分别从信息（Roll，1986；Bemardo and Welch，2001）、风险（Hackbarth，2008；Landier and Thesmar，2009）和能力（Gervais，Heaton and Odean，2003）等方面做出了多种表述。总体来看，其基本含义是，如果管理者高估自身能力（尤其是决策判断能力）和所掌握信息的准确性，并在对公司前景进行判断时倾向于高估未来净现金流入量而低估相关现金流风险，那么，这种行为特征就被称为管理者过度自信。

过度自信偏差并不是公司管理者所独有的，它是各行业从业人员的一种普遍表现，但是，大量研究表明，相比之下，企业管理者是一个更容易表现出过度自信行为偏差的群体（奚恺元，2006；Landier and Thesmar，2009 等），内在原因和外在原因两大方面导致了这种情况的出现。

从外在原因方面看，首先，缺乏可据以用来品评管理层决策行为的必要参照系。明晰的考评标准能够帮助管理者更正确地认知自身的决策能力，但是，在很多时候，企业所要进行的大规模投（融）资、并购、重组等大手笔的经营活动，没有历史经验可供参考。即便有类似的历史经验，不同时期企业所处的内、外部环境差异明显，不能简单地复制类比。克鲁格（Kruger，1999）、Camerer和 Lovallo（1999）认为，在缺乏恰当的参照系时，一个公司的 CEO 通常不会以其他公司的 CEO 作为参照点，而是以本公司一般的经理人员作为参照点，相比之下，必然会认为自己的决策能力"优于平均水平"。

其次，公司治理环境在某种意义上强化了管理者的过度自信倾向。现代股份公司制企业需要能够为其创造更大价值的职业经理人，相关的公司治理制度也围绕追求股东价值最大化的目的而设计，这就使得自信的管理者比理性而谨慎的管理者更容易被聘用，原因是，在信息有限情况下，自信，甚至是过度自信会被解读为是具有较强能力的信号。戈尔和塔科尔（Goel and Thakor，2008）通过构建领导者选择模型证明，在这种强烈的"价值"导向下，过于理性的管理者在岗位竞聘中将处于劣势。毕竟管理者的聘用晋升是要参考以往业绩的，而以往业绩突出者往往是那些敢于承担更大风险的管理者。莫克（Morck，2007）也认为，现代企业中的董事会和其他管理者对 CEO 的服从程度超出了法律层面的要求，也超过了对股东的忠诚，这是当前公司治理机制效率缺失的原因之一。为此，在公司治理实践中，企业开始尝试引入能够表达不同意见的独立董事，引进能够带来权威替代效应的非执行总裁，以此制约 CEO 的过度自信偏差和对公司董事会的控制力。

再次，反馈效应强化了管理者的过度自信倾向。人们会通过观察和品评行为选择的后果来调整自信程度，而公司的重大经营活动周期较长，作为决策制定者的高层管理者人员很难清晰、及时地获得与决策后果相关的信息，这就使得其原本就存在的过度自信心理偏差无法得到恰当修正，甚至被变向鼓励。高层管理者地位越高，这种情况越严重。除上述机理外，职位的提升也会通过"自我归因偏差"导致管理者更加自信（Gervais，Heaton and Odean，2003）。

最后，上市公司高层管理者的人力资本价值体现与公司的业绩和股票的价格紧密相关，管理者在对公司前景表现出过度自信预期的同时，也是对自身收益与价值的过度乐观，出于追求自身效用最大化的角度，他们也更愿意相信自己的判断和决策是正确的。这也符合温斯坦（Weinstein，1980）的观点，即人们的过度自信程度容易受那些和自身利益紧密相关的事件影响。

从内在原因看，难度效应和控制幻觉等客观存在的认知偏差，会使管理者过度自信问题不可避免。有研究证明，人都有把复杂问题简单化的心理倾向，这种表现就是"难度效应"，即面对的问题难度越大，人们越容易有过度自信倾向。企业的经营环境是复杂多变的，发展前景难以预估，高层管理者在面对众多未知因素的情况下预测特定的相关现金流量以及其背后的风险，难度之大不言而喻。此时，作为内部决策者，他们比外部投资人拥有更全面的信息，这种信息优势会使他们简单地认为自己的决策是有依据的，是正确的。从另一个角度来看，人都会高估自己对事态的控制力，很多涉及自我强化方面的研究中都提到，当人们具有权限能够对某类决策施加影响，或者能够取得较高参与度时，他们就会相信自己有能力控制结果或保证某一类结果的出现，公司高层管理者因其在公司处于内部高高在上的地位，拥有较大的权力，更容易相信自己能够对一些难以掌控的事或者不确定的事施加决定性的影响，并最终据此而高估未来的预期收益，低估收益的风险。温斯坦（1980）研究发现，CEO 选择实施了投资项目后就很容易有控制幻觉，他会完全低估项目投资的风险。

（三）公司治理与决策者的非理性心理偏差

公司治理领域的研究视野非常宽泛，涉及企业性质、委托—代理、交易成本、所有权与控制等诸多问题，其最根本的目的在于探讨如何通过制度设计来更好地保护股东的权益。钱颖一（1995）指出："在经济学家眼中，公司治理结构是一系列的制度安排，这一制度安排用于支配若干在公司中有重大利害关系的团体，包括投资者、经理人和职工之间的关系，进而从这一联盟中得到经济利益。公司治理结构中包括：（1）怎样配置与行使控制权；（2）怎样监督、评价董事会；（3）怎样设计和实施激励机制。"公司治理结构可以分为内、外两个紧密联系、相互作用的部分。股东大会、董事会和管理层之间的制衡与监督机制是内部公司治理架构的核心；竞争性的经理人市场、有效的资本市场以及相关的法规法律体系共同构成了外部公司治理架构。在内部治理机制中，高层管理者受聘于董事会，并在其授权范围内负责制定企业经营决策；董事会作为决策机构，负责选聘高层管理者、制定奖惩制度，董事会要为全体股东负责，通过制度安排保证管理者以股东利益最大化为工作目标；股东大会则是公司的最高权力机构。良好的内部治理机制可以合理安排权力格局，使大股东与小股东之间、股东群体与董事会和经理人之间形成有效的制衡，减少代理成本，增加企业价值。如果将公司治理机制理解为用来处理不同利益相关者之间的关系，以实现特定经济目标的一整套制度安排，那么，融资决策就是在这一制度安排下所有利益相关者博弈的结果。

在人们决策过程中，普遍存在着过度自信的非理性现象，公司内部决策主体的这种行为倾向更加明显，完善、高效的内部治理机制能够借助权力制衡、激励与约束制度，在一定程度上修正决策主体的部分非理性选择，遏制过度自信心理偏差对融资决策的干扰。然而，我国上市公司所展现出的特征却表明，现阶段我们的内部治理机制尚不完善，并没有起到理想的作用，各种制度安排无法有效抑制决策者非理性心理偏差对相关经济决策的影响，甚至在某种意义上鼓励或强化了管理者过度自信的倾向。在下文中，我们将从股权结构、董事会特征和高层管理者层激励机制等角度分析我国上市公司内部治理机制的特征，以及其是否能够保证内部决策主体制定的融资方案足够理性。

二　股权结构特征与非理性决策

股权结构是指各种不同来源、不同性质的权益资金在公司总股本中所占比例及相互之间的关系。通常用股权属性、股权集中度、股权流通程度等方面的指标，从不同角度考察公司股权结构的特征。

（1）股权属性。我国上市公司最主要的三类股东是国有股股东、法人股股东和社会公众股股东①，因股权性质的显著差异，不同类别股东的利益实现机制也明显不同。

（2）股权集中度。如果以第一大股东持股比例的高低为标准进行划分，通常将第一大股东持股比例大于50%的股权结构，视为股权高度集中；在20%—50%的，视为股权适度集中；小于20%的，视为股权高度分散。

（3）股权流通程度。由于历史的原因，我国证券市场中长期存在股权分置现象，上市公司的股票被分为可在二级市场上自由公开交易的流通股和不可在二级市场上自由公开交易的非流通股，相应地，股东也因其持股性质的不同，被分为流通股股东和非流通股股

---

① 我国上市公司中，管理层持股和员工持股的比例非常小，不足以对公司股权结构产生显著影响，因此，本书不对其做特别分析。

东。股权分置是我国证券市场中独有的现象，因此，股权流通程度指标，既是考核我国上市公司股权结构的一个特殊视角，也是必须考虑的特殊因素。制度安排导致同股不同权、不同利，持股人的决策选择自然也不相同。比如，在面对上市公司配股时，非流通股股东通常作为控股股东、大股东，会享有一定的信息优势，他们在预期企业未来投资收益不足以弥补其为配股所付出的成本时，会选择放弃配股。而流通股股东，主要是中、小投资者，他们则希望能够借由股票在二级市场上价格的上升来获得资本利得，因此，通常会积极响应配股。

　　表4-2和图4-2中列示了1993—2009年我国A股市场上市公司流通股比例年度变化趋势。数据表明，2008年之前，我国市场中整体的流通股比例很低，基本保持在30%以下，这导致恶意收购机制几乎完全失效，上市公司感受不到证券市场应有的外在约束力。因此，其内部决策层在制定融资决策时，是不会顾忌外部股东利益①的，同时，外部股东也无法借助市场竞争的压力去反向约束公司内部决策主体的行为。2009年之后，股权分置改革的效果逐渐显现②，流通股比例大幅上升，但由于股权集中度较高（见表4-3），所以，证券市场资源配置效率仍然没有得到本质上的改变。此外，我国上市公司的非流通股中存在国家股"一股独大"的特点，所有权人的缺位，使得这类公司中具有更突出的委托—代理问题，作为代理人的高层管理者负责制定公司的融资决策，虚化的委托人对其几乎没有约束力，在此背景下，公司管理层制定的股权再融资决策更容易受到非理性心理因素的影响。

---

　　① 本书将对公司决策具有决定性影响力的大股东视为内部股东，其他中小股东视为外部股东。因此，大股东是公司内部决策主体的一部分。

　　② 根据2005年9月5日公布的《上市公司股权分置改革管理办法》，公司原有的非流通股股份自上市公司股权分置改革方案实施之日起，在12个月内不得上市交易或者转让；同时，持有上市公司股份总数5%以上的原非流通股股东，在前项规定期满后，通过证券交易所挂牌交易出售原非流通股股份，出售数量占该公司股份总数的比例在12个月内不得超过5%，在24个月内不得超过10%。也就是说，某上市公司要完全实现全流通，也需要三年之后，前三年最多只能使所持流通股股份比例在原有基础上新增10个百分点。

表 4 - 2　　　　　　　中国 A 股市场上市公司流通股比例

年份	发行总股本（亿股）	流通股本（亿股）	流通股比例（%）
1993	300. 18	57. 13	19. 03
1994	592. 63	144. 4	24. 37
1995	704. 08	178. 89	25. 41
1996	1025. 23	267. 14	26. 06
1997	1646. 13	443. 24	26. 93
1998	2203. 96	607. 01	27. 54
1999	2757. 88	810. 45	29. 39
2000	3439. 6	1078. 33	31. 35
2001	4650. 45	1315. 21	28. 28
2002	5283. 64	1508. 43	28. 55
2003	5808. 31	1717. 93	29. 58
2004	6505. 83	1996. 65	30. 69
2005	6936. 08	2280. 84	32. 88
2006	12445. 65	3215. 54	25. 84
2007	16746. 62	4682. 77	27. 96
2008	18629. 77	6696. 76	35. 95
2009	20332. 77	13928. 71	68. 50

资料来源：中国证券监督管理委员会：《中国证券期货统计年鉴》（2010），学林出版社 2010 年版。

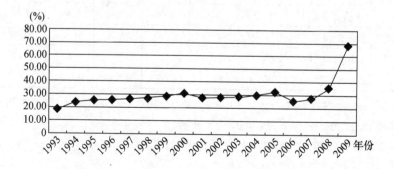

图 4 - 2　中国 A 股市场上市公司流通股比例年度变化趋势
资料来源：同表 4 - 2。

　表 4 - 3 和图 4 - 3 中列示了 2003—2009 年我国 A 股市场上市公

司第一大股东持股比例的描述性统计指标。数据显示，第一大股东持股比例均值从 2003 年的 43.7% 下降到 2009 年的 36.76%，第一大股东绝对控股的上市公司所占比例从 39.41% 降到 21.91%，且以 2005 年为界，呈阶梯状下降。衡量股东力量差异的 Z 指数①亦表现出总体下降的趋势，而且同样以 2005 年为分界点。总体来看，虽然股权集中度有趋于分散的倾向，但指标仍偏高，第一大股东控股权优势明显，至少在现阶段，股权制衡在制度上仍很难实现。

表 4 - 3　　中国 A 股市场上市公司第一大股东持股比例的描述性统计

	年份	2003	2004	2005	2006	2007	2008	2009
	样本数	878	935	1029	1042	1112	1207	1278
第一大股东持股比例（%）	均值	43.7	43.13	41	36.01	35.99	36.71	36.76
	中值	42.91	42.15	38.94	33.58	34.44	35.43	35.51
	标准差	17	16.75	16.24	15.07	15.27	15.81	16.04
	最小值	6.13	6.14	6.14	5.17	5.17	4.49	0.32
	最大值	85	85	81.19	81.47	83.83	85.23	85.23
第一大股东绝对控股的上市公司比例（%）		39.41	38.29	33.92	21.31	20.23	22.12	21.91
Z 指数	均值	49	43.87	34.38	21.46	19.54	20.14	18.89
	中值	6.65	5.78	5.48	5.44	6	5.89	6.46
	标准差	122.78	108.97	81.38	49.73	39.38	41.96	35.68
	最小值	1	1	1	1	1	1	1
	最大值	1344.78	1003.6	596.55	480.37	341.06	381.91	294.3

注：样本公司的筛选标准详见本书第三章第一节有关内容。将第一大股东持股比例在 50% 以上的公司视为由其绝对控股的上市公司。

资料来源：根据 RESSET 数据库相关数据计算所得。

---

① Z 指数是指第一大股东持股比例与第二大股东持股比例的比值。

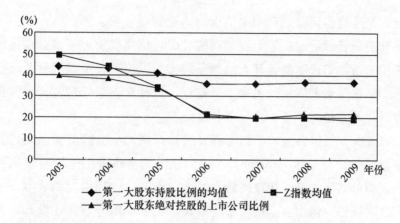

图 4 – 3　中国 A 股市场上市公司第一大股东持股比例特征变化趋势

资料来源：同表 4 – 3。

三　董事会与非理性决策

南开大学公司治理研究中心 2011 年发布的《中国上市公司治理评价研究报告（2008）》指出：董事会是公司的最高控制系统，是公司治理的核心，作为决策机构，董事会的治理水平与公司价值密切相关。兰格沃特（Langevoort，2002）认为，董事会的基本职能是要做好三件事：一是为公司挑选聘任合适的高层管理者；二是设计有效的奖惩契约来激励管理层为实现股东财富最大化而工作；三是监督公司的业绩并据此调整管理层的人员配置，这三项职能的实质是"监督"与"决策"。董事会成员的个体在进行决策的过程中会受到过度自信心理偏差的影响，这种影响将降低董事会作为公司最高控制系统的监督与决策效率。

首先，董事会倾向于选聘和留任具有过度自信倾向的高层管理者。一方面，社会舆论普遍认为，上市公司董事会成员是"成功人士"，自我归因偏差会使这些"成功人士"具有更为强烈的过度自信倾向。他们在履行董事的职责，为公司选聘高层管理者时，会将自身的特征视为能力较强的标志，并以此为标准去考察候选人。这一判断体系为"自信"赋予了过高的权重，却给其他可能更为重要的能力特征赋予了过低的权重。不够恰当和理性的判断标准体系会导致过度自信倾向表现明显的候选人更容易胜出。另一方面，在考察和监督管理层的决策时，共同的过度自信倾向使得董事会成员过于相信由他们选聘的管理者的判断能力，纵容或至少是没有及时发现和纠正管理者所犯的机会主义错误，这种对高层管理者行为监督力弱化的直接结果是导致股东利益受损。

其次，董事会倾向于给管理者过高报酬，从而降低奖惩契约的激励效率。舍夫林（Shefrin，2007）认为，董事会的过度自信主要表现为低估了委托—代理问题发生的可能及由此而引发的成本。基于这一认识，过度自信的董事会所设计出的薪酬方案往往没有让管理者的收入严格依赖公司业绩的涨跌，过度支付比较普遍。同样的原因也影响了董事会对公司业绩真相的判断和监督。董事会对自己选聘的高层管理者的能力和公司的运营情况缺乏清醒的认识，过度自信偏差使其漠视相关的负面信息，或者没有对风险信号给予足够的重视并及时付诸行动，通过调整高层管理者的安排来修正公司的发展轨迹。安然公司董事会是这方面的负面典型，在长达数年时间里，董事会只对管理层行为提出过两次异议，并且，在安然事件爆发前两年，面对多项财务指标的预警，董事会始终坚信公司业绩强劲，而没有及时调查和关注管理层的行为与决策，董事会过于宽松的监督态度对后期事态的恶化负有不可推卸的责任。

就我国上市公司董事会的现状[①]来看，治理水平基本呈正态分布，近年来，董事会治理状况原本相对较差的公司改善明显，但相对较好的公司却没能有更好的表现。总体来说，治理结构比较完整而治理机制的效果还有较大的改善空间，从评价指数的分布上看，平均值刚刚接近 $CCGI_{BOD}^{NK}IV$（60 - 70），没有一家公司的评价指数达到更高的三个级别。由于诸多因素影响，相当一部分上市公司的董事会没有发挥出应有的功能，一些影响决策效率的主要问题如下：

第一，董事会受制于大股东，无法代表全体股东利益。主要体

---

① 此处数据引自南开大学公司治理研究中心治理评价课题组《中国上市公司治理评价研究报告（2008）》，商务印书馆 2011 年版。

现为以下两点：

其一，董事会成员几乎全部由大股东选定，董事会的决议自然也就更多地体现了大股东或者实质控制人的意愿，统计数据显示，有 66.90% 的上市公司的董事长同时在其股东单位任职，大股东过多地选派董事长或者董事将严重影响上市公司董事会的独立性，此时，群体决策的形式下维护的依然是少数股东的利益。调查表明，58.37% 的上市公司在中小股东权益保护方面的评价得分处于 $CCGI_{SH}^{NK}$ VI（<50）这一最低水平上，而位于最好水平 $CCGI_{SH}^{NK}$ I（90 – 100）的公司只有 2.13%。

其二，董事会虚设与内部人控制等问题并存。公司实际的控制权由独立于所有者的经理人所掌握着，在经营过程中，这些经理人仅追求自身利益最大化，为此，不惜与员工"合谋"，最终结果是架空了企业所有者的控制权与监督权。上述结果的产生主要是因为我国国有股权所有人缺位，以及由此所导致的委托人对代理人的约束弱化。

第二，独立董事制度的建立没能从实质上提高董事会的决策效率与决策质量。设计独立董事制度的主要目的是缓解大股东侵害外部中、小股东利益和内部人控制这两个问题，它可以在保持现有股权结构不变的前提下提高内部公司治理效率，以便更好地维护全体股东的利益。然而，目前我国独立董事制度的建设状态和作用发挥都并不理想，从反映独立董事制度的治理评价指数上看，我国上市公司的平均值只有 57.23，而且 72.49% 的上市公司处于 $CCGI_{BOD5}^{NK}$ V（50—60）的水平上，这都说明相关制度的建设还有较大的完善空间。独立董事人员结构不合理、参与性差和信息不对称等问题是造成这种现状的主要原因。我国上市公司多是根据相关监管制度的要求，被动地聘用独立董事，公司决策者为保证自身的控制权稳定，通常选聘相关人员的标准是能否与自己合作愉快，而不是能否帮助公司创造更大的价值。这种初始动机就决定了上市公司即使建立了独立董事制度，其独立性也不强，作用有限。在我国，最受欢迎的独立董事人选是在高校或科研机构任职的学者，他们虽然理论基础雄厚，有较大的社会影响力，但是，自身工作却非常繁忙，难以投入充足的时间和精力去履行相关职责，这些均可能加大企业的决策风险，也制约了独立董事制度作用的切实有效发挥。

四 高层管理者群体与非理性决策

主流资本结构理论有一类观点，认为不同资本结构安排可以为公司管理层提供不同的监督和激励机制，这些制度安排的作用机理虽然差异明显，但最终的效果都是可以促使管理层更好地为股东的利益、企业的总体价值而工作。与此相关的代表性理论有代理成本理论、信号传递理论和控制权理论等。然而，这些理论在我国现实市场条件下的解释力非常有限。虽然历经 20 多年的高速发展，我国证券市场仍然尚处于完善期，整体宏观经济背景还没有脱离经济转轨期的特征，且绝大多数上市公司都脱胎于原有传统国有企业，同西方发达市场经济国家相比，我国公司对管理者的激励手段仍处于较为落后的状态，管理层持股水平普遍较低，其收益主要来自薪金、在职消费和灰色收入，使得公司资本结构的变化很难给激励机制带来明显的影响，即使扩大负债融资也难以有效地激励管理者努力工作，达到减少代理成本的目的。反而是在我国上市公司内、外部治理机制对管理层的约束力较弱的背景下，扩大股权融资所带来的公司资产规模增长可以从在职消费、灰色收入、自我成就感满意度以及薪金等多个方面给管理者带来实际效用的提升。可以说，经理人激励机制的现状在一定程度上保护甚至是鼓励了其自身的非理性心理倾向。

《中国上市公司治理评价研究报告（2008）》中的数据显示，我国上市公司经理层的治理水平总体偏低，有 61.58% 的上市公司评价指数集中在 $CCGI_{TOP}^{NK} V$（50—60）的水平上，在 1127 家被评价的样本公司中，没有公司达到 $CCGI_{TOP}^{NK} I$（90—100）和 $CCGI_{TOP}^{NK} II$（80—90）的高水平。从影响经理层治理水平的三方面主要因素的得分情况来看，对经理层任免制度的评价指数水平相对最高，经理层执行保障能力的评价指数次之，而激励与约束机制制度的评价指数最低且离散程度最大。这都说明，我国上市公司关于经理层治理的制度建设和作用发挥都有很大的改善空间。

行为公司金融研究中有一种观点，被称为"非理性经理人假说"。该假说认为，受非理性心理偏差的影响，经理人所做出的行为选择将偏离公司价值最大化的目标。具体的解释是，管理者在为公司制定股利政策、融资方案、负债权益比、投资或并购方案等重大战略决策时，会受到过度乐观或过度自信情绪的影响，从而在特定的市场背景下更倾向于迎合投资者的行为偏好，借以避免由于信息不对称所导致的"市场误价"的发生，经理人尽力避免本公司发行的证券出现"市场误价"的原因是，根据公司治理机制中的相关安排，这种"误价"会减少管理者的个人收益（如被董事会辞退或者丧失期权收益等）。考虑到上述原因，即使会造成公司长期价值的损失，管理者也有动力做出非理性的选择，表现出过度自信的行为偏差，倾向于选择增加现金股利的发放、扩大融资规模或高频率地进行并购。目前，关于非理性经理人假说的研究，主要成果是提出了"管理者过度自信理论"。在针对公司融资问题进行研究时，管理者过度自信理论有两个重要假设：一是管理者相信自己的行为会有助于最大化企业的价值；二是相关决策的背景是有效的资本市场。人们普遍认为，过度自信的心理偏差将促使经理层倾向于使用债务融资，甚至过多地使用债务融资。虽然我们寄希望于完善的治理结构能够避免这种情况的发生，但是，前文的论证已经表明，当董事会成员本身就存在认知偏差，当现实中上市公司的内部治理机制效果有限时，我们没有更有效的措施可以用来修正非理性管理者的行为选择。学术界已有的关于公司内部决策主体的非理性行为对融资决策影响的研究，主要集中于探讨经理层的过度自信行为是如何影响公司融资的。

综上所述，我们发现，我国上市公司的内部治理机制无法对实际决策人产生强有力的约束，从而保证相关决策是为全体股东负责的。我们将董事会和经理层视为公司投、融资方案的内部决策主体。行为金融学的已有研究成果表明，决策者普遍具有过度自信的非理性倾向，当制度无法起到应有的约束力时，这种非理性心理因素会对公司的股权再融资决策起到直接影响。

本章小结

    本章首先对上市公司制定股权再融资决策要面对的外部市场环境进行分析发现，我国金融市场的现状与标准金融理论中的有效市场假说差异较大，无论是投资者成熟度还是宏观监管水平都有待提高，目前尚不能对抑制融资决策中的非理性行为提供足够的外部治理约束力。其次，本章对上市公司内部治理结构进行了探讨，发现虽然从形式上我们拥有现代股份公司制度的架构和制度，但在实质上并不具有现代股份公司制度的资源配置效率，对决策者的非理性行为约束力较低，甚至在一定程度上保护和鼓励了过度自信这种心理倾向。本章的主要结论如下：

    第一，标准金融学对股权融资问题的研究都建立在有效市场假说基础上，从理论上看，这一研究前提的成立至少要满足下述三个条件之一：一是投资者完全理性；二是投资者的非理性行为是随机发生的；三是市场中可以通过套利机制驱赶噪声交易者。然而，心理学和行为学的相关研究证实，认知偏差普遍存在，通过多种效应干扰人们的经济决策，投资者不可能完全理性，而且投资者群体的非理性行为会形成系统性偏差，作为新兴资本市场，我国股票市场中无论是个人投资者还是机构投资者，均不成熟，市场尚未达到半强式效率型的水平。

    第二，在不完美的金融市场中，由于资产价格与价值的偏离，可以为公司的融资行为带来降低成本的时间窗口，理性的公司管理者会寻找股票价格被高估的时机来进行更多的权益融资，选择股票价格被低估的时机来赎回已发行的股票或选择债权融资，即股权融资时存在市场时机选择现象。研究表明，我国金融市场中也存在这一现象。

    第三，在市场机制失效时，宏观调控是保证资源配置顺利进行的必要措施。从我国股权再融资发行制度和再融资体制变迁两方面进行分析发现，虽然相关调控政策起到了一定的规范市场、保护投资者利益的作用，但是，总体效果还有较大的改善空间。无论是核准制的实际执行还是股权再融资约束条件的设计，监管政策都显得摇摆不定。在弱式效率型的市场中，监管政策的动荡既是市场价格异常波动的反应，也同时反向加剧了总体股价的不稳定。金融资产的价格影响着上市公司的融资成本。我国股票市场中金融证券价格与价值长时间大幅度偏离为企业融资提供了降低股权融资成本的机会。

第四，有效的内部治理机制可以保证决策者从最大化全体股东利益的角度出发去制订融资计划。股权集中度过高、股权流动性过低、国有股占比大、国有股出资人缺位、经理人奖惩激励机制落后等不合理现状，使得我国上市公司的股东、董事会和管理层之间缺乏必要的制衡与监督，代理成本偏高，对公司内部决策主体因认知偏差所导致的非理性行为没有有效的制度可以加以约束和规避。

第五，心理学的研究表明，"过度自信"是典型而普遍存在的认知偏差，是人们做决策时所具有的主要心理特征之一。公司融资决策的实际制定者，董事会与管理层，也不可避免地受到这种心理因素的影响，从而制订出标准金融理论难以解释的股权再融资方案。

第六，董事会制度被视为公司内部治理机制的核心，社会心理学和行为经济学研究表明，董事会整体也表现出过度自信倾向，这种行为偏差会影响董事会对管理层的雇用、激励和产出的监督效率。在我国内外部治理效率都不高的背景下，董事会的非理性倾向也强化了管理者的过度自信，并进而使公司的融资决策表现出非理性特征。

上市公司的股权融资决策是多方面因素综合作用的结果，针对内、外部环境的非理性因素在公司融资决策中的影响，行为金融学展开了广泛讨论。在借鉴前人研究成果的基础上，本书利用实证分析法就此问题进行分析。第五章在考虑再融资审批监管制度的基础上，运用市场择时理论，借助回归模型，从宏观层面分析上市公司在股权再融资决策中表现出来的市场择时现象。第六章根据管理者过度自信理论，借助 PROBIT 模型，从公司层面检验决策者非理性心理特征对上市公司股权再融资决策的影响。

第五章 外部市场主体非理性
与股权再融资决策
实证研究

作为发展中的证券市场，我国股票市场距离强式效率型还有很大的差距，投资者的认知偏差与市场套利的有限性导致金融资产价格与内在价值长期偏离。这很可能为上市公司的股权再融资决策提供了可供选择的价格时机窗口。同时，我国股票市场中的经济活动一直以来受行政监管的影响很大，融资监管政策的频繁变动可能为上市公司的股权再融资决策提供了可供选择的政策时机窗口。投资者和监管当局是公司进行股权再融资时所面对的主要外部市场主体，本章在前文分析的基础上，运用行为公司金融学中的市场择时理论，实证检验外部市场主体的有限理性行为是否会对我国 A 股市场中上市公司的股权再融资决策造成直接的影响，进而对我国上市公司整体融资行为的特征给出一个宏观视角的综合描述与刻画。

第一节 市场择时理论研究框架

一 基础假设与融资策略

(一) 基础假设

市场择时理论是行为资本结构理论中相对较为成熟的分支之一，其最基础的假设前提是：融资决策所涉及的公司内部决策主体是完全理性的，而外部市场主体（主要是指金融市场中的外部投资者）是有限理性的，而且套利的有限性将导致外部金融市场无法达到强式效率型。根据市场择时理论的观点，投资者非理性行为对公司价值最大化目标的实现有重要的影响。一方面，外部金融市场中的投资者受认知偏差干扰，无法对公司所发行的金融证券进行精确的估值，特定风险与成本的存在使市场中的套利行为受到限制，这为"市场误价"现象的长期存在提供了可能。另一方面，理性的内部决策主体拥有与公司未来前景相关的私人信息，他们可以更客观地评价公司的真实价值，对相关金融证券的市场价格有更为准确的认识，他们将敏锐地观察到并利用"市场误价"时机，进而选择更为有利的方式和渠道为企业筹集资金。关于这些前提假设的合理性，研究人员进行了充分论证，提出了颇具说服力的解释。

1. 为什么假设公司的内部决策主体比外部市场投资者更理性呢

保证这一假设成立的理由主要有三个方面：

第一，内部决策主体具有信息优势。融资活动的参与者基于对公司未来发展前景的预期做出各自的投、融资选择，受信息不对称的影响，各方对公司前景的预期将出现明显的差异。有证据表明，内部决策主体拥有更多的私有信息，如众多的实证研究结果显示，内部管理者对本公司股票所做的投资操作往往比外部投资者获得更高的超额回报。从另一个角度来看，内部管理者也时常通过盈余管理等手段，制造信息假象来迎合甚至是诱导市场的预期，刻意传递有利于自身利益的市场信号。

第二，内部决策主体具有更高的决策判断能力。职业经理人比市场中普通投资者，甚至比基金经理都拥有更多的专业优势、信息、权限和更少的限制。根据行为金融学对市场套利有限性的研究结论，公司财务总监能够比基金经理从更长远的视角去评估公司的内在价值，并以此为依据进行决策，这种视野跨度上的差别有利于公司管理者做出更准确的判断。

第三，内部决策主体具有丰富的从业经验。公司的高层管理者和董事们所拥有的长期从业经历，使得其对市场走向的把握有着较为准确的直觉，即便不利用内部信息，他们也可以根据经验轻易地判断本公司证券的市场价格是否被误判。

2. 为什么假设公司的内部决策主体会观察市场并利用"市场误价"时机制定融资策略呢

做出该假设的依据有如下三个主要方面：

第一，外部投资者非理性的行为选择会对相关证券的市场价格产生较为持久的影响。金融市场中存在大量的"噪声交易者"，在某些情况下，理性的交易者为追求收益也会主动转变为"噪声交易者"，"噪声交易者"的交易行为将导致证券的市场价格发生系统性的偏移，高于或低于其内在价值。而套利的有限性使得这种定价偏差有可能长期存在，无法被修正。

第二，内部决策主体能够识别相关证券价格与价值的差异。公司内部管理者凭借其所掌握的信息优势，依托于长期的从业经验，可以对公司所发行证券的内在价值有更为精准的评估，当市场价格与价值相偏离后，管理者能够及时发现"误价"时机。

第三，内外部治理机制迫使公司管理者必须关注市场价格并做出恰当的反应。一方面，金融市场为公司提供了有力的外部治理机制，当股票价格被严重低估时，公司将面临恶意收购的威胁；另一方面，公司内部针对管理者的薪酬方案设计也有意识地将管理者的收益与公司股价联系起来。无论从哪个角度看，管理者为避免失业及其他收益的损失，都将时刻关注市场，并及时做出相应的投、融资选择。

（二）融资策略

虽然理论研究中更多关注公司股票的长期价值，强调追求公司长期价值的最大化，但是，在现实经济生活中，追求短期股价最大化经常会成为公司现有管理者和投资者的共同目标。理由是：首先，即使公司可以永续存在，但管理者工作年限是有限的，退休或由于某种原因离职，会使管理者思考的时间跨度趋于短期化。其次，薪酬制度中对业绩和股价的考核周期相对较短，出于对自身利益的考虑，经理人有充分的动机去选择短视化倾向。最后，公司股东的持股时间有限，外部中小股东更是如此，在非强式效率型的金融市场中，相对于长期价值而言，他们更关心短期收益。综合上述分析，在非有效的证券市场中，如果存在财务约束，那么，以追求公司短期股票价格最大化为目标的内部决策主体，将在权衡下述三方面利弊后做出融资选择：投资方案的 NPV、"市场误价" 时机的盈亏和偏离最优资本结构所导致的损失（Stein, 1996）。

斯特恩（Stein, 1996）提出的数理模型中，借助对一个简化的两期投资项目的分析，论证了基于市场择时理论的公司管理者融资策略选择问题。其中，K 表示公司在 $T=0$ 时的初始投资额；$f(K)$ 表示初始投资额与 $T=1$ 时现金流量之间的函数关系。公司未来整体的现金流量 F^* 和投资者对公司的要求回报率 r 共同决定公司现有股票的市场价格。具体表达式为：

$$P^* = \frac{F^*}{1+r}$$

整理可得：

$$1+r = \frac{F^*}{P^*}$$

在 $T=0$ 时，投资项目的净现值为：

$$\frac{f(K)}{1+r} - K, \quad 或 \frac{f(K)P^*}{F^*} - K$$

若公司在 $T=0$ 时通过发行新股筹集到的权益资金额为 E，而且市场对公司未来的现金流量过于乐观，将其高估为 $F = F^*(1+\theta)$，其中，$\theta > 0$，反映了外部投资者过度乐观的程度，代表他们所估计的现金流量超过实际水平的比例。在 r 不变的前提下，公司股票的市场价格被高估为：

$$P = \frac{F}{1+r}$$

管理者在有利的 "市场误价" 时机，发行新股融资所获得的收益为：

$$E\left(1 - \frac{P^*}{P}\right) \quad 或 \quad \frac{E\theta}{1+\theta}$$

另外，公司发行新股需要支付筹资费用，同时，股票总量的增加，有可能导致股票市价下跌，都会形成新股发行成本。如果用 $i(E)$ 表示股权融资的相关直接成本，那么，管理者通过把握市场时机所获得的股权融资直接收益为：

$$E\left(1 - \frac{P^*}{P}\right) - i(E)$$

公司把握市场时机进行股权融资会产生的另一种成本是，偏离最优资本结构所导致的价值损失。这些损失主要包括以下两大类：

（1）如果公司在股票市价被高估时发行新股募资，筹集到了权益资金但却没有净现值为正的投资项目可做，那么公司有可能用这些权益资金去偿还贷款，从而减小财务杠杆，随之减少的是因债务融资的抵税效应所带来的好处。如果公司不用这些权益资金去偿还债务，而是将其闲置起来，那么必将拉低公司整体收益率。

（2）如果公司在股票市价被低估时回购股票，公司整体财务杠杆水平将增加，不但有可能导致公司违反已有的债务契约条款，而且还会使财务困境成本增大。

此外，如果公司有净现值为正的投资项目可供选择，为满足投资需要，公司在回购股票之后仍需继续筹集债务资金，当公司面临债务融资约束，无法获得相应债券投资时，放弃净现值为正的投资项目就成了无奈的选择。

综上所述，无论哪种情况出现，都会使得公司为其市场择时行为付出代价。

因此，公司管理者在面对融资时机时会权衡利弊，尽可能满足以下条件：

$$\max\left\{f(K)\frac{P^*}{F^*} - K + E\left(1 - \frac{P^*}{P}\right) - i(E) - Z(L)\right\}$$

其中，$Z(L)$ 为偏离最优资本结构所带来的成本。

在非有效的金融市场背景下，公司的融资行为存在进行市场择时的可能，此时，公司投资项目的净现值为：

$$f(K)\frac{P^*}{F^*} - K \quad 或 \quad \frac{f(K)}{1 + r} - K$$

净现值可正可负，在通过市场择时进行股权融资时所获得的直接收益为：

$$E\left(1 - \frac{P^*}{P}\right) - i(E) > 0$$

偏离最优资本结构所导致的价值损失 $Z(L)$ 通常也为正。

由此可见，外部金融市场的非有效性能够为上市公司提供有利的融资时机，公司管理者有动力去寻找和把握这些时机，从而降低公司的融资成本。

二　相关文献回顾与述评

行为金融学的兴起和发展为资本结构领域的研究提供了全新的思路和分析框架。20 世纪 90 年代以来，国外学者在金融市场非有效的假设前提下，提出了用于解释融资决策的新观点，即市场择时理论。该理论认为，外部投资者是非理性的，而公司内部决策主体完全理性，后者能够识别并利用"市场误价"时机，通过降低融资成本来实现股东价值的最大化，同时，管理者对市场时机的迎合将在短期或长期内对公司的资本结构造成影响。虽然在利用该理论对现实问题进行分析和解释时还存在一定的争议，但是，这一理论框架的合理性和有效性已经得到了学术界和实践领域的普遍认同。

Taggart（1977）在《公司融资决策模型》一文中首次将市场时机视为影响公司融资决策的因素。他认为，公司在决定是否进行长期债务或外源股权融资时，会特别考虑相关证券的市场价格是否合适。此后，众多学者在围绕 IPO 问题进行探讨的过程中，逐渐形成了市场择时理论（Ibboston，Sindelar and Ritter，1988；Rajan and Zingales，1995）。斯特恩在 1996 年发表的文章《非理性世界中的理性资本预算》中系统地提出了市场择时假说（Market Timing Hypothesis），标志着该理论框架的正式形成。斯特恩（1996）认为：在非有效金融市场背景下，公司管理者可以通过两条途径增加原有股东价值：一条途径是选择净现值为正的项目进行投资；另一条途径是利用市场的非有效性，通过识别和把握市场中低成本的融资时机，在本公司股价被高估时发行新股融资，而在股价被低估时赎回股票。该论点提出后，得到了很多实证检验与问卷调查结论的支持（Denis and Sarin，2001；Graham and Harvey，2001；Henderson，Jegadeesh and Weisbach，2006），相关研究表明，这种择时现象在很多国家的金融市场中都存在，而不是仅仅局限于相对最发达的美国金融市场中。

贝克和瓦格勒在 2002 年发表的《市场时机和资本结构》一文中首次运用市场择时理论对公司资本结构问题进行系统分析，学术界普遍将这篇文章视为资本结构理论体系中市场择时理论诞生的起点。国外学者在该理论分支中的研究取得了丰硕的成果，他们最初的探讨主要围绕两个基础问题展开，即市场择时行为是否存在，以及其存在的原因。现阶段的关注点则更多地集中在考虑市场时机因素后公司如何在不同融资工具之间进行取舍，以及市场择时行为对公司资本结构的长、短期影响等方面。相比之下，我国学者在该领域内的研究较少，而且绝大部分现有成果都是在借鉴国外学者已有研究基础上所做的实证检验。贝克和瓦格勒（2002）① 以及奥尔蒂（2006）② 的经典文献对我国学者影响较大。单就针对我国上市公司的股权再融资问题而言，我国有代表性的文献有刘星、郝颖和林朝南（2007），王正位、朱武祥和赵冬青（2007）。刘星等（2007）借鉴贝克和瓦格勒（2002）的学术思路和研究方法，在充分考虑我国市场中的再融资监管政策后，借助回归分析，检验了市场时机对上市公司股权融资决策和资本结构的影响。他们得到的主要结论是：当市场普遍高估各公司的流通股价格时，再融资政策是影响上市公司能否把握市场时机的直接原因。至于这种市场择时现象对公司资本结构的影响，他们认为，不能一概而论，对于样本公司整体而言，再融资监管政策对公司股权融资偏好具有抑制作用，市场择时行为对公司的资本结构没有持续性的显著影响；而对于再融资次数较多的公司来说，市场择时行为能够显著影响它们的资本结构。王正位等（2007）的研究也考虑了我国再融资监管的特定政策背景，他们借鉴了奥尔蒂（2006）的方法，侧重检验 A 股上市公司股

---

① 本书第四章第一节部分对该文献做了详细评述。
② 同上。

权再融资行为中的市场时机特征及其对公司资本结构的影响。得出的主要结论是，市场择时行为在我国金融市场中是存在的，并且，市场时机可以被细分为两部分，即基于股价变动的时机和基于再融资监管政策变化的时机，其中，以配股行为为对象进行研究时发现，后者占36%。总体来看，上市公司的市场择时行为对资本结构只表现出短期的影响。

就市场择时行为是否会长期对公司资本结构造成影响，学术界争议很大，目前存在三种主流的观点：部分学者虽然认同公司在股权融资时会进行市场时机的选择，但他们认为，择时效应的持续时间非常短，财务杠杆水平短期内会有一定的偏离，但这种偏离很快会被修正（Alti，2006；Kayhan and Titman，2007；王志强、李博，2009）；另一些学者则相信公司择时发行新股的行为将对其资本结构造成5—10年的长期影响（Baker and Wurgler，2002；Welch，2004；刘端、陈健和陈收，2006；才静涵、刘红忠，2006）；还有人认为是资本结构的调整成本，而不是融资的择时效应导致了公司资本结构的长期持续性（Lemmon，Roberts and Zender，2006）。

综上所述，基于发达金融市场研究表明，公司融资过程中存在择时现象，但是，这种市场择时行为对资本结构影响的时间长短尚无定论。针对我国市场股权再融资行为的市场择时效应的研究不多，而且现有的研究结论也争议较大，这种争议既体现在对是否存在择时行为的探讨上，也体现在择时行为对资本结构的影响上。不过，从已有的研究结果来看，可以肯定，由于我国股票市场中的经济活动受监管政策影响较大，而且与再融资有关的监管政策变动频繁。因此，在运用市场择时理论对我国上市公司股权再融资决策进行研究时，必须将监管因素考虑在内。

第二节　市场时机度量指标比较与选择

市场择时理论成立前提是，市场中要存在低成本融资时机，而且公司的内部决策者能够感知并把握住这种时机。因此，相关研究的核心问题之一是如何刻画和判断这种有利的市场时机。关于怎样设计市场时机的代理指标，目前只有一些存在争议的主流思路，并没有得到普遍认同的观点。

一 市账比

贝克和瓦格勒（2002）设计的"外部加权平均市账比"（External Finance Weighted – Average Market – to – Book Ratio），在本领域早期的研究中曾被广泛使用，人们将其视为市场时机的代理指标，用它来反映影响外源股权融资的市场时机因素。具体指标是：

$$\left(\frac{M}{B}\right)_{efwa,t-1} = \sum_{s=0}^{t-1} \frac{e_s + d_s}{\sum_{r=0}^{t-1} e_r + d_r} \left(\frac{M}{B}\right)_s$$

式中，e 表示第 t 年公司的净股权融资规模；d 表示第 t 年公司的净债务融资规模。该指标中用来对特定年份公司的市值—账面价值比（即市账比，Market – to – Book Ratio）进行加权的权重是，该年度新增的外源融资规模占其全部外源融资总量的比重。贝克和瓦格勒（2002）利用该指标进行研究，得出的主要结论是，公司的外源股权融资行为存在择时现象，且择时效应将在较长的时间内对资本结构造成持续的影响。

针对贝克和瓦格勒（2002）设计的市场时机代理指标的有效性，学术界存在很多质疑。如 Liu（2005）遵循他们的研究思路，分别使用算术平均加权市账比、反向加权平均市账比和随机加权平均市账比进行实证检验，得出的结论是，利用不同方法测算的公司历史市账比都和其当前的财务杠杆大小之间表现出显著的负相关关系，这意味着贝克和瓦格勒（2002）所设计的外部加权市账比指标未必能够很好地刻画市场融资时机，如果真是这样，贝克和瓦格勒（2002）所认可的市场择时行为也许并不存在。Kayhan 和 Titman（2007）就此进行了更加细致的研究，他们同样以贝克和瓦格勒（2002）的研究为基础，基于平均市账比、市账比和财务缺口（Financial Deficit）对"加权平均市账比"进行了细分，将其分为 YT

（Yearly Timing）和 LT（Long – term Timing）两部分，前者被视为用来刻画"市场误价"程度的时机度量指标，而后者则被用来反映公司的历史成长机会，这种成长机会与"市场误价"无关，而是由有价值的投资项目所决定的。实证检验结果显示，公司过去的市账比与当前财务杠杆大小之间也表现出显著的负相关关系，而且这种相关性是由 LT，而不是 YT 所决定的。Kayhan 和 Titman 的研究结论说明，贝克和瓦格勒（2002）设计的市场时机代理指标之所以具有较强的解释力，是因为其中不仅包含关于"市场误价"的信息，而且还包含了反映公司未来成长机会的信息，而且后者事实上起到了决定性的作用。

国内很多相关文献都借鉴并采用了与贝克和瓦格勒（2002）类似的市场时机代理指标设计思路，如刘澜飚和李贡敏（2005），才静涵和刘红忠（2006），刘星、郝颖和林朝南（2007）等。值得注意的是，我国证券市场中存在特有的股权分置现象，使得类似的研究方法中，市账比指标的使用存在更大的争议，这种争议一方面源自与成长机会相关的信息噪声的存在，另一方面则由于非流通股的干扰。

二 热发市场

奥尔蒂（2006）在针对上市公司 IPO 行为进行研究时，根据股票市场中 IPO 公司数量来判断当时的市场环境是属于"热发市场"（Hot Issue Market）还是"冷发市场"（Cold Issue Market），从而借以度量市场时机。具体方法是：首先以当月为中心取值，测算每三个月 IPO 公司数的移动平均值，目的在于消除季节性波动的影响；同时，奥尔蒂认为，由于在样本期的 29 年里，年度的经济增长率约为 3%，所以，对应地以 0.25% 每月的比率对 IPO 公司数的移动平均值序列进行退势效应（Detrended）调整，取其中位数为标准，凡是超过该数值的月度定义为"热发市场"，简称热市，低于该数值的月度定义为"冷发市场"，简称为冷市。在模型中设计一个哑变量 HOT 来度量冷、热市，热市时取值为 1，冷市时取值为 0。热市意味着股价被高估，公司面临的是低成本的股权融资时机窗口；反之，冷市意味着股价被低估，不是理想的股权融资时机。

我国学者王正位、朱武祥和赵冬青（2007）借鉴了奥尔蒂（2006）的研究方法，对我国上市公司在1993—2004年的再融资行为进行研究。他们也考虑到了季节性波动对进行融资的公司数的影响，因此，以三个月为单位，计算当月再融资公司数的移动平均值，并在此基础上计算样本期内所有月份市场中再融资家数的移动平均值的均值，这一数据被视为辨别市场时机的基准，凡是当月数据高于该基准的，就将该月视为"热市"；反之，则视为"冷市"。在构建模型时，他们同样用哑变量HOT刻画融资的市场时机，HOT在热市时取值为1，在冷市时取值为0。

这类市场时机度量指标的设计方法，最大的优点是与股权融资决策的其他影响因素（如公司的特征和治理状态等）之间几乎完全没有相关性，在此基础上进行的实证研究，可以明确地将"市场误价"因素独立出来，能够更加客观、独立地反映市场融资时机窗口对公司融资决策的影响。也有部分学者对这种方法提出质疑，尤其是当其被用来针对中国市场进行研究时。理由是，我国证券市场中，无论是IPO还是再融资，无论是发行股票还是可转债，公司的融资方案都要受到相关部门的严格监管，市场中所表现出的融资发行节奏在很大程度上是由监管部门决定的，而不是公司主观融资意愿的真实反映。

从另一个角度来看，也正是由于我国A股市场与西方成熟市场存在明显的不同，所以用"热市"和"冷市"作为市场时机的代理指标才相对更能够客观、全面地刻画出我国上市公司所面对的融资时机窗口。主要原因如下：

首先，从公司意愿角度看，股权分置状态让上市公司的流通股和非流通股在事实上同股不同价，这种特殊的现象导致控股股东所持有的非流通股股价普遍、长期被高估。同时，严格来说，在带有行政计划色彩的证券发行审批制度下，公开市场中的证券发行资格和规模是一种稀缺资源。上述两方面因素综合作用的结果是，我国上市公司在较长的时期内面对着低成本的股权融资时机，但能否把握住这种时机窗口，最终成功实施融资行为，则较大程度上取决于政府监管政策的宽严尺度和具体要求。

其次，从监管约束角度看，政府为实现维护市场整体健康、平稳发展的目标，对上市公司的股权再融资行为进行了全方位的严格监管，从募资资格（如硬性的财务指标要求等）、发行定价（市盈率的上限）、募资时间（大于等于 12 个月的时间间隔）、募资规模以及募资用途等方面做出了较为细致的规定，而且，随着市场条件的变化，监管部门会对相关政策做出适时的调整。上市公司会观察并把握这些政策时机，以实现在公开市场中进行股权融资的目的。曾经的 ROE "10% 现象"（1996 年）、"6% 现象"（1999 年）以及 2001 年出现的非常集中的"弃配转增"现象都证明，我国上市公司在努力符合监管政策要求，希望能够把握住监管政策变动所带来的外源股权融资时机。在本书第四章，我们曾分析过我国再融资监管政策变化的主要历程，从中可以看出，频繁变动的政策松弛交替，形成了政策层面的"热市"和"冷市"。

综上所述，本书认为，将监管因素考虑在内，比单纯考虑市场非理性定价因素得出的结论更有说服力。因此，我们参照 Alti（2006）和王正位等（2007）的指标设计思路，根据股票市场中每月 IPO 公司数量（对 IPO 公司数取三个月的移动平均值，借以消除季节性因素对公司融资行为的影响）来界定再融资行为所面对的市场时机窗口，即区分热市和冷市，认为"热市"状态对公司来说意味着出现了更低成本的股权融资时机。需要说明的是，虽然本书是针对上市公司在 IPO 之后的股权再融资行为进行研究，但是如果以再融资公司数为基础判断冷、热市，那么，在后期实证检验过程中会发现，市场时机指标的内生化将破坏模型估计的一致性。考虑到无论是 IPO、增发还是配股①，都是属于公司的新股发行行为，且我国市场中对新股发行的监管政策非常相似，即发行节奏在实质上

---

① 本书将可转债融资视为股权再融资的方式之一，但是，由于在考察的样本期内，与可转债相关的数据规模较小，而且可转债的发行节奏也由监管部门来把握，因此，在市场时机指标的设计过程中，并未对其做特别考虑。

都由证监会来把握，证监会出于稳定市场的政策调控目的，在放行新股发行数量时会充分考虑市场当期的"误价"因素，因此，本书认为，以 IPO 公司数为基础度量出的股权融资时机窗口同时适用于 IPO 行为和再融资行为，且由于国内、外新股发行制度的不同，在我国市场中使用这一指标，不仅考察了市场"误价"因素导致的融资成本时机窗口，而且也同时考察了监管因素导致的融资政策时机窗口。

三 其他指标

除上述两种主流度量指标设计思路之外，学者们还做了其他尝试，比如，利用股票收益率、股票换手率等数据进行融资时机的度量。

（一）股票收益率类指标

当股票价格被高估时，公司面临有利的外源股权融资时机，因此，特定时期内的股票收益率应该与其公司的融资选择有明显的相关性。Hovakimian、Opler 和 Timan（2001）用新股发行前公司的股票收益率作为市场时机的度量指标，他们实证分析的结论支持市场择时理论的观点。易勇（2006）用这种指标设计思路研究了我国上市公司的股权再融资时机选择问题。王志强、李博（2009）则以标准化的 IPO 收益率数据来判断市场时机窗口，探讨了我国证券市场中 IPO 过程中的时机选择问题，他们也都得出了类似的结论。

（二）股票换手率类指标

贝克和斯特恩（2004）认为，低成本的权益融资市场时机之所以会出现，即股票价格被高估，其背后的直接原因是金融市场中的投资者采取了非理性的投资策略，因此，衡量市场理性程度的指标也可以用来反映公司融资时机的特征。他们在文章中选用了换手率数据，将高换手率视为非理性交易频繁的标志，此时，意味着发行新股融资的有利时机窗口。相关实证检验的结论支持了最初的研究设想，根据美国市场背景和数据所进行的研究结论表明，美国上市公司在换手率高的时候采用了更多的外部股权融资。尤其是在 1927—1975 年（美国资本市场发展的早期阶段），上市公司的股权融资规模与市场的流动性之间存在很强的正相关关系。我国学者易勇（2006）、李小平等（2008）也赞同这种指标设计思路。他们认为，作为外生变量的换手率，与公司本身的特征无直接关系，可以与其他影响公司融资决策的因素相分离，对市场时机的反映更具独立性和客观性。

除上述两大类之外，还有其他指标设计思路。比如，Huang 和里特（2005）用直接的股权融资成本指标和债权融资成本指标来分别衡量外源股权融资和债权融资的市场时机，前者主要选用的是封闭式基金平均折价率、IPO 首日平均收益率等数据，后者则使用的是实际利率。研究得出的主要结论是，市场时机是 1964—2001 年影响美国上市公司融资方式选择的重要因素。Liu（2005）尝试使用内部交易额和情绪指数，但是，在此基础上得出的结论并不太支持市场择时理论的观点。他认为，公司融资选择时的择时效应未必存在，即便是存在，对公司资本结构的影响也很快会被修复。

综上所述，运用市场择时理论研究公司融资决策时，最关键问题是找到衡量融资时机窗口的恰当指标。现有文献在这方面做了广泛的尝试，主流的两类方法是围绕市账比和热发市场进行的应用与调整。除此之外，还有根据股票收益率、股权融资成本、股票换手率、情绪指数等数据进行的设计。通过上文比较分析，我们认为，在充分考虑我国市场证券融资监管因素的基础上，以 IPO 公司的月度数据为基础度量的热发市场指标相对最为合理。在下面的实证分析中，我们将根据这一思路进行数据处理。

第三节　研究设计

一　假设的提出

根据前文分析，我国金融市场中投资者成熟度相对较低，非理性交易行为普遍存在，再融资监管政策变动频繁，监管效率有限，股票市场现状与强式效率型市场状态差距较大，相关金融证券的价值与价格长期存在系统性偏差，上市公司的融资行为面对着市场

"误价"的时机窗口。根据行为金融学中的市场择时理论,当股票价格被高估,且理性的公司内部管理者能够发现这种"误价"的存在,那么公司利用这个时机发行权益证券,将可以用较低的成本筹集到外部权益资金,公司倾向于在这种低成本的融资时机窗口更多地进行股权融资;反之,公司将有意识减少外部股权融资。从资本市场的整体表现来看,当市场估值水平总体偏高时,上市公司整体的股权再融资规模也将较大;当市场估值水平总体偏低时,上市公司整体的股权再融资规模也将随之缩小。

本节以股票市场 IPO 公司数为基础,区分股权再融资时所面对的市场状态,"热市"或"冷市"。"热市"意味着市场中有限理性的投资者对金融资产的整体估价水平高于其内在价值,市场出现了可借以低成本进行股权再融资的"误价"时机窗口。同时,由于我国新股发行和可转债发行都实行审批制,市场发行节奏由证监会把握,因此,IPO 家数较多的"热市"也意味着监管部门观察到了市场中的这种系统性"误价"的存在,从而放行更多的融资申请,上市公司面对着更有利的再融资"政策"时机窗口。面对上述这些机会,理性的公司内部管理者会倾向于进行较大规模的股权再融资。由此,本书提出的研究假设是:在"热市"和"冷市"条件下,证券市场整体的再融资规模存在差异,"热市"中再融资规模更大,"冷市"中再融资规模更小。

二　样本与数据

本书研究我国上海证券交易所和深圳证券交易所 A 股市场中上市交易公司的股权再融资决策问题,涉及再融资方式包括配股、增发和发行可转债。实证部分所用数据主要来源于 WIND 数据库和RESSET 数据库,部分宏观经济指标取自中国人民银行网站和国家统计局网站。

本书对再融资市场时机的分析既考虑了市场非强式有效所带来的"误价"时机,同时又考虑了监管部门对资本市场整体再融资态度的变化所带来的"监管政策"时机,因此,将研究时间段定为2000 年 1 月 1 日至 2010 年 12 月 31 日。原因是,1999 年之前,我国的新股发行管理采用的是行政色彩浓厚的审批制①；1999 年 7 月 1 日起实施的《证券法》以及同时期的一系列相关文件共同构建了现行的核准制的监管框架。② 在审批制下，行政力量对上市公司的再融资行为干扰较大，上市公司的可选择空间较小，很难自主把握市场时机。核准制下这种选择的自由度有了明显的提高，基于这种市场背景选取的金融数据，实证结论更有解释力和现实意义。此外，根据我国市场实际，我们将发行可转债视为上市公司延迟的股权再融资方式，将市场同期的可转债融资规模与配股、增发规模之和视为全部股权再融资量，而可转债在我国的起步较晚，选择 2000 年作为研究的时间起点，此后，市场中上市公司的再融资手段更加全面，选择灵活度更大，数据更加全面。

由于整个时间段只有 11 年，因此，在实证分析时按照季度将其分为 44 个样本期，针对样本期内沪、深 A 股市场季度的整体股权再融资规模变动情况进行研究。借助的分析软件为 Excel 2007 和 Eviews 5.1。

三 变量与模型

（一）被解释变量

SEO/PTS 是被解释变量，代表我国 A 股市场整体股权再融资程度，计算方法是用样本期内 A 股市场的股权再融资额（增发、配股与可转债融资的总金额）除以对应的 A 股市场的流通股总市值。使用相对值原因是，再融资规模的绝对值受到证券市场总体规模的影响，而我国证券市场处于快速发展期，不同样本期内的市场背景数据变化较大，绝对值不能真实刻画上市公司股权再融资意愿的变动情况，相对指标的解释力更强，如图 5 - 1 和图 5 - 2 所示，两类指标反映出的市场再融资意愿变动趋势明显不同，后者更贴近市场的实际情况。

---

① 1993 年 4 月 25 日，国务院颁布《股票发行与交易管理暂行条例》，标志着审批制的正式确立。

② 2001 年 3 月 17 日，证监会正式宣布取消股票发行审批制。

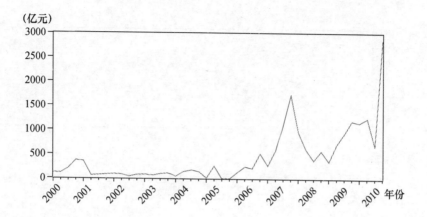

图 5 - 1　我国 A 股市场股权再融资绝对额变化趋势（季度数据）

资料来源：WIND 数据库。

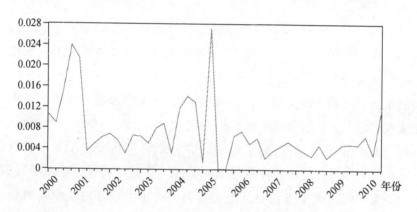

图 5 - 2　我国 A 股市场股权再融资相对规模（被解释变量）变化趋势

资料来源：WIND 数据库。

（二）解释变量

HOT 是反映市场时机的哑变量，以此表征上市公司面对的再融资时机窗口。根据前文的论证，借鉴奥尔蒂（2006）和王正位、朱武祥、赵冬青（2007）的研究成果设计该指标。以股票市场中 IPO 公司数的季度数据为基础，计算得出所有样本期内季度数据的平均值（32.57 家），以此作为判断标准，将凡是超过该数值的月度定义为热发市场，令 HOT = 1；将凡是低于该数值的月度定义为冷发市场，令 HOT = 0，如图 5 - 3 所示。

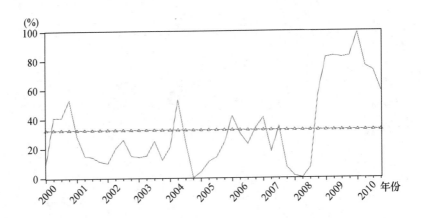

图 5－3　根据 IPO 公司数界定冷、热市示意

资料来源：WIND 数据库。

图 5－4 反映的是以进行再融资公司数为基础界定冷、热市的状况，其他数据处理方法不变，仅使用再融资公司数替换 IPO 家数，正如前文分析，我们确实发现两者在融资时机窗口的判断上存在一定差异。由于本书是以上市公司的再融资决策为研究对象，因此，从表面来看，依据市场中的再融资家数来判断冷、热市似乎更加合理，王正位、朱武祥、赵冬青（2007）的研究也使用了类似数据，而且我们也以其为解释变量导入回归模型进行了检验，得出了显著的结果，即在热发市场中上市公司会进行更大规模的股权再融资，在冷发市场中再融资规模则会降低。但是，由于市场中的再融资公司数与再融资总金额之间具有较高的相关性，被解释变量 SEO/PTS 中涉及了再融资总金额，因而会导致反馈效应的出现和内生解释变量问题，破坏最终估计结果的一致性，所以，最终转而选用了 IPO 公司数。IPO 公司与再融资公司数量指标相关系数达 0.53，在剔除 2005 年第三季度至 2006 年第二季度股权分置改革导致的特殊期样本后，相关性得到进一步增强（r = 0.6105），同时考虑无论 IPO、增发还是配股，都属于公司的新股发行行为，而且我国市场中对新股发行的监管政策非常相似，即发行节奏在实质上都由证监会来把握，证监会出于稳定市场的政策调控目的，在放行新股发行数量时

会充分考虑市场当期的"误价"因素，因此，本书认为，以 IPO 公司数为基础度量出的股权融资时机窗口同时也适用于股权再融资决策。

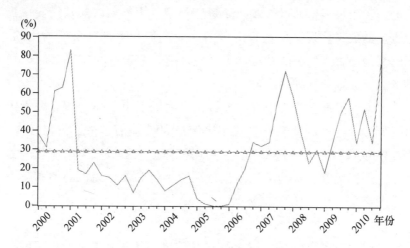

图 5－4　根据再融资公司数界定冷、热市示意

资料来源：WIND 数据库。

根据前文分析，由于国内、外新股发行制度、金融市场环境的差异，在我国市场中使用 IPO 公司数区分出的冷、热市状态，不仅考察了"市场误价"因素导致的融资成本时机窗口，而且也同时考察了政府行为导致的监管时机窗口。

（三）控制变量

为了研究市场融资时机窗口对上市公司股权再融资决策影响，本书选取了对公司融资决策有重要影响的部分其他宏观因素作为控制变量。从利率、宏观经济增长率、股票市场波动性、货币供应量、股权分置改革的进程等方面考虑，共引入 6 个控制变量。

1. INTEREST 代表市场债务融资成本

本书选取的是银行 7 天的同业拆借利率。融资决策是上市公司在权衡权益融资成本与债务融资成本之后所做出的决定。当金融市场中借贷利率水平较高时，意味着债务融资成本较大，若其他条件不变，公司将更倾向于进行股权融资。因此，利率水平与整体市场的股权再融资程度应呈正相关关系。股权再融资是公司筹集长期资金的方式，所以，从理论上看，应选择银行长期贷款利率作为市场债务融资成本的替代变量。但是，我国银行长期贷款利率是非市场化的，由中央银行通过行政指令进行调整，不能实时反映借贷市场中真实的成本状况，而银行 7 天的同业拆借利率是完全市场化的，同时又是金融市场中的基础利率，它的变动将直接影响和反映公司债务融资成本的变动情况。

此外，根据第四章中的相关数据，我国上市公司的债务融资中绝大部分为短期的流动负债，该比例在 80% 左右，由于占比较大，短期债务成本的变动直接影响了公司整体债务融资成本的变化。综合考虑上述因素，我们决定以银行同业拆借利率作为市场债务融资成本的替代变量。

2. EG 代表宏观经济增长率

本书选取可比价 GDP 的环比增长速度。从根本上讲，公司的筹资决策是为投资活动服务的，当宏观经济环境较好，经济增长速度较快时，公司会拥有更多的投资机会，从而有动机进行更大规模的股权再融资以满足扩大生产的需要。因此，经济增长速度与市场的整体股权再融资程度之间应呈正相关关系。

3. MS 代表货币政策的松紧度，具体通过度量货币供应量变动来反映

本书选取的是广义货币供应量（M2）的环比增长速度。一方面，根据经济学中的供求理论，在其他条件不变的前提下，货币供应量的增加将导致资金借贷利率的下降，从而使债务融资成本降低，在与股权融资成本相权衡后，公司倾向于减少股权再融资，增加债务融资。另一方面，除市场化传导机制的作用之外，我国中央银行在调控宏观经济时会对商业银行的信贷额度进行定额管理，这会给上市公司的债务融资行为带来硬约束，货币供应量增速快，意味着央行执行的是较为宽松的货币政策，公司获得债务融资的难度降低，在其他条件不变的前提下，由于债务融资成本低于权益融资成本，公司将倾向于使用更多的债务融资。综上所述，货币供应量

的增长与市场的整体股权再融资程度之间应呈负相关关系。

4. VOLATILITY 代表股票市场波动性

本书以沪深 300 指数为基础，考察 A 股市场的日收益率，并以季度为持续期计算对应标准差，并使用这种季度市场组合收益率标准差作为股票市场波动性的替代变量。施尔（Schill，2004）的研究发现公司的融资决策受到金融市场波动性的显著影响。市场波动性越大，意味着公司发行新股融资的成本的不确定性越大，即风险越大，公司出于降低风险的目的会选择避免使用外源股权融资，从而导致市场的股票融资额下降。从另一个角度来分析，就我国的再融资监管制度而言，无论是证券发行量、融资额度还是时间，都直接由有关部门把握，而监管部门对市场节奏的调控更多的是出于维持市场稳定的动机，当市场波动性较大时，相关部门倾向于降低股权再融资规模，从而避免新证券发行加大市场波动；反之，当市场趋于平稳时，相关部门倾向于增加股权再融资的规模，更多地利用资本市场的融资功能支持企业发展。根据上述两点理由，我们预计股票市场波动性应与市场的整体股权再融资程度呈负相关。

5. PTS 代表股权分置改革的进程和效果

本书选取 A 股市场每季度末流通股市值占 A 股总市值的比例作为替代变量，该比例越高，意味着股权分置改革对资本市场基础环境的影响越明显；反之则相反。根据第四章中的分析，2008 年之前这一比例基本上都小于等于 30%。由于历史原因导致我国股票市场长久以来存在独有的股权分置现象，且 2009 年之前非流通股比例始终保持在 70% 左右，这种畸形的股权格局严重地损害了资本市场的资源配置效率。2005 年 4 月 29 日，中国证监会发布《关于上市公司股权分置改革试点有关问题的通知》，启动了股权分置改革。根据同年 9 月 5 日公布的《上市公司股权分置改革管理办法》的规定，原非流通股股东自上市公司股权分置改革方案实施之日起，在 12 个月内不得上市交易或者转让其非流通股股份。同时，持有上市公司股份总数 5% 以上的原非流通股股东，在前项规定期满后，通过证券交易所挂牌交易出售原非流通股股份，出售数量占该公司股份总数比例在 12 个月内不得超过 5%，在 24 个月内不得超过 10%。也就是说，某上市公司要完全实现全流通，也需要在三年之后，前三年只能再解禁流通 10% 左右的股份。这说明股权分置改革对资本市场资源配置效率的改善将是一个渐进的过程，且 2009 年之后才会日益表现出显著的影响。鉴于在本书研究的时间段内，推行了股权分置改革，且这一重要改革也基本完成①，因此，我们需要将这一因素纳入考虑范围。但同时，由于股权分置改革的效果显现需要一定的时间，故而我们暂时无法对股权分置改革的进程与市场的整体股权再融资程度之间的相关性做出明确的估计。

6. POLICY 代表新股发行审批政策的变化

在 2005 年第三季度至 2006 年第二季度，对这一虚拟变量赋值为 0，其他时间段内（2000 年第一季度至 2005 年第二季度，2006 年第三季度至 2010 年第四季度）赋值为 1。为配合股权分置改革的顺利进行，证监会在 2005 年 5 月至 2006 年 6 月 19 日之间停止了对所有 IPO 和 SEO 申请的审核。本书通过在模型中加入该虚拟变量来体现这一特殊的监管政策时间窗口。这些变量代码及其界定如表 5－1 所示。

表 5－1　　　　　　　　　变量代码及其界定

变量代码	变量含义	变量说明	预期影响
SEO/PTS	我国 A 股市场整体股权再融资的程度	每季度 A 股市场的股权再融资额（增发、配股与可转债融资的总金额）/A 股市场的流通股总市值	
HOT	市场融资时机窗口	将 IPO 公司数的季度数据以其平均数为界进行划分，高于均值的季度 HOT＝1，反之 HOT＝0	＋
INTEREST	债务融资成本	银行 7 天同业拆借利率	＋
EG	宏观经济增长率	可比价 GDP 的环比增长速度	＋

①《中国资本市场发展报告（2010）》披露信息显示，截至 2007 年 12 月 31 日，已完成或进入股权分置改革程序的上市公司市值占应改革上市公司总市值的比重达到 98%，股权分置改革基本完成。

续表

变量代码	变量含义	变量说明	预期影响
MS	货币政策松紧度	广义货币供应量的环比增长速度	–
VOLATILITY	股票市场波动性	市场投资组合回报率的标准差	–
PTS	股权分置改革的进程和效果	A 股市场中每季度末流通股市值/总市值	?
POLICY	新股发行审批政策的变化	2005 年第二季度至 2006 年第二季度，POLICY = 0，其他季度 POLICY = 1	

　　模型中选用的主要变量描述性统计结果见表 5 – 2。数据显示，反映我国 A 股市场整体股权再融资程度的变量 SEO/PTS 平均值为 1.4%（中位数为 0.92%），最大值（6.24%）与最小值（0.12%）之间差异明显，揭示了我国上市公司融资行为存在明显的大幅波动过程，其剧烈变动除了审批制背景下监管方的原因，是否还存在通过其他宏观变量或微观因素变异而衍生的影响，有待进一步地分析和论证。反映债权融资成本的变量 INTERSET 平均值为 2.27%（中位数为 2.32%）；反映货币供应量增长速度的变量 MS 平均值为 17.80%（中位数为 17%）；反映经济增长速度的变量 EG 平均值为 10.40%（中位数为 10.4%）；反映证券市场波动性变量 VOLATILITY 平均值为 0.01509（中位数为 0.01298）；反映股权分置改革对证券市场影响的变量 PTS 平均值为 33.42%（中位数为 30.54%）。

表 5 – 2　　　　　　　　　　变量的描述性统计特征

变量	均值	中位数	最大值	最小值	标准差
SEO/PTS	1.4%	0.92%	6.24%	0.12%	0.012679
INTEREST	2.2738%	2.315%	3.4767%	1.01%	0.005571
MS	17.7973%	17%	29.31%	13.38%	0.038605
EG	10.4023%	10.4%	14.5%	6.6%	0.01914

续表

变量	均值	中位数	最大值	最小值	标准差
VOLAITILY	0.015094	0.012975	0.035100	0.005493	0.007418
PTS	33.42%	30.54%	63.30%	23.24%	0.08876

考虑宏观变量间较强的关联性，本书还计算了模型相关变量的 Pearson 相关系数来反映实证模型的共线性影响是否处于可接受范围，结果发现解释变量间不存在高度相关的情况，其中相关程度最高的变量配对为流通股比例与货币供应量，利率与货币供应量，其相关系数达到 0.5 左右，模型的共线性水平是否可以接受及是否对参数估计的稳定性存在较强影响有待后续的检验。

表 5 - 3 　　　　　　　各变量间的 Pearson 相关系数

	SEO/PTS	INTEREST	MS	EG	VOLATILITY	PTS
SEO/PTS	1.000000	- 0.071591	- 0.157805	- 0.261945	- 0.340625	- 0.285562
INTEREST		1.000000	- 0.528538	0.423157	0.280822	- 0.247816
MS			1.000000	- 0.125508	0.158609	0.547465
EG				1.000000	0.094798	- 0.080931
VOLAITILY					1.000000	0.110328
PTS						1.000000

（四）回归方程的设定

基于前文的分析和论证，借鉴施尔（2004）的研究方法，我们在控制其他影响因素的条件下，构建回归模型考察市场时机对市场整体股权再融资规模的影响。检验方程如下：

$$SEO_t/PTS_t = \beta_0 + (\beta_1 HOT_t + \beta_2 INTEREST_t + \beta_3 VOLATILITY_t +$$
$$\beta_4 EG_t + \beta_5 MS_t) \times POLICY_t + \beta_6 PTS_t + \varepsilon_t \qquad (5.1)$$

其中，对 HOT、INTEREST、VOLATILITY、EG 和 MS 变量使用了政策控制哑变量乘积项，以此模拟为配合股权分置改革而造成的，2005 年第三季度至 2006 年第二季度停止新股发行申请审批的特殊时间段对模型估计的影响。

第四节　模型检验与参数估计

一　变量的平稳性检验

曹永福（2005）认为，在时间序列数据的回归分析中，时间序列数据的非平稳会使得模型倾向于得出显著的结论，并最终破坏结论的可靠性，因而我们首先对上述模型所涉及变量进行单位根检验，以保证最终回归模型构建不存在伪回归问题。

在单位根检验中，考虑到应用最广泛的单位根检验方法 ADF 检验，其检验的但相对较低，特别是在小样本条件下，数据的生成过程为高度自相关时，检验的功效非常不理想。另外，ADF 检验对于含有时间趋势的退势平稳序列的检验是失效的。为了修正上述问题，埃利奥特、罗森伯格和斯托克（Elliott，Rothenberg and Stock，1996）基于 GLS 方法的退势 DF 检验（DFGLS），能够在小样本特征下大大提高数据过程的非平稳识别能力，因而更为适用于本书的样本，其基本思路可阐述为：

假设序列 y_t 的拟差分序列如下：

$$d(y_t \mid a) = \begin{cases} y_t & if\ t = 1 \\ y_t - ay_{t-1} & if\ t > 1 \end{cases}$$

$$t = 1,\ 2,\ \cdots,\ T$$

则可依下式构造回归方程：

$$d(y_t \mid a) = d(x'_t \mid a)\delta(a) + u_t \quad t = 1,\ 2,\ \cdots,\ T$$

$$x_t = (1,\ t)^1 \tag{5.2}$$

其中，$x_t = (1)$ 表示 y_t 中只含有截距项，或 $x_t = (1,\ t)'$ 表示 y_t 中含有截距项和趋势项。令 $\delta(a)$ 表示式(5.2)参数的最小二乘估计量，在实际计算中，通常如下定义参数 a：

$$a = \begin{cases} 1 - 7/T & if\ x_t = \{1\} \\ 1 - 13.5/T & if\ x_t = \{1,\ t\}' \end{cases}$$

利用上述回归方程的估计参数，定义退势后的序列 y_t^d 为：

$$y_t^d \equiv y_t - x'_t \delta(\bar{a}) \quad t = 1, 2, \cdots, T \tag{5.3}$$

然后，对退势后的序列 y_t^d，应用 ADF 检验，即为 DFGLS 检验。检验过程如下：

$$\Delta y_t^d = \eta y_{t-1}^d + \sum_{i=1}^{p-1} \beta_i \Delta y_{t-i}^d + u_t \tag{5.4}$$

原假设和备选假设同 ADF 检验一致，为：

$$\begin{cases} H_0: \eta = 0 \\ H_1: \eta < 0 \end{cases}$$

埃利奥特、罗森伯格和斯托克（1996）给出了不同置信水平下的临界值，在与临界值比较的基础上，可以完成单位根过程的检验。

对模型相关数值型变量进行 DFGLS 单位根检验，检验结果如表 5-4 所示。

表 5-4　　　　　　　　各变量的 DFGLS 单位根检验结果

变量	检验式 (C, T, L)	DFGLS 统计量	1% 临界值	5% 临界值	检验结论
SEO/PTS	(C, 0, 2)	-3.5891 ***	-2.6648	-1.9556	平稳
INTEREST	(C, 0, 1)	-1.7843	-2.6742	-1.9572	非平稳
D(INTEREST)	(C, 0, 1)	-2.1312 **	-2.6569	-1.9544	平稳
VOLATILITY	(C, 0, 0)	-4.7905 ***	-2.6569	-1.9544	平稳
PTS	(C, T, 1)	-2.4066	-3.7700	-3.1900	非平稳
D(PTS)	(C, T, 0)	-5.1763 ***	-3.7700	-3.1900	平稳
MS	(C, T, 1)	-1.0345	-3.7700	-3.1900	非平稳
D(MS)	(C, T, 0)	-3.2139 **	-3.7700	-3.1900	平稳
EG	(C, T, 2)	-1.5558	-2.6648	-1.9556	非平稳
D(EG)	(C, T, 1)	-4.3726 ***	-3.7700	-3.1900	平稳

注：（1）符号 D（）表示一阶差分。（2）检验形式（C, T, L）中，C 表示截距项；T 表示时间趋势项，检验式的最终形式（是否包含截距与趋势项）根据样本时序图确定。L 表示回归中差分项的滞后阶数。（3）**、*** 分别表示以 5%、1% 的显著水平拒绝原假设。

根据 ADF 检验和 PP 单位根检验结果，市场总体股权再融资程度（SEO/PTS）和市场波动性（VOLATILITY）两个变量属于平稳过程，而 INTEREST 和 PTS、MS 及 EG 变量为一阶单整序列，变量的非平稳特征将影响估计结果的可靠性。

由于以上所考虑的变量均属于零阶或一阶单整序列，因而基于协整建模的思路接下来使用序贯检验的极大特征值统计量考察其协整性质。详细结果见表 5 - 5。根据先验理论和相关文献的研究，相关变量间若存在长期均衡关系，也应属线性类型，因此，对原始多维序列施加无确定性趋势的假设，协整方程的假设则为具有截距项和线性确定性趋势。

表 5 - 5　　　　　　　　极大特征值统计量协整检验结果

协整方程个数	特征值	极大特征值统计量	临界值	P 值
0	0.971302	15.4014	33.5551	0.2539
至多 1 个	0.900701	41.2863	25.7896	0.0000
至多 2 个	0.5892	29.6507	22.3154	0.0014
至多 3 个	0.3574	11.4442	10.5179	0.0078

根据表 5 - 5 可知，诸变量间并不存在协整关系，因此，将模型的可靠性集中于模型残差的平稳性讨论上，根据格兰杰（Granger，1980）理论，若模型残差不存在单位根过程，则在残差不存在自相关条件下，OLS 估计量具有一致和无偏性，能够保证最终参数估值的可靠性。

二　参数估计

使用普通最小二乘法（OLS）对模型（5.1）进行参数估计，结果显示，经济增长率、货币供应增速和流通股市值比重三变量无法得到显著的结果，基于共线性的怀疑，本书沿用了逐步回归的修正原则，将不显著变量逐一剔除，进而构建了模型（5.5）进行参数估计，结果一并报告于表 5 - 6 中。就模型（5.5）而言，残差无自相关，而且通过了 DFGLS 单位根检验（DFGLS = 3.9217），从这个意义上讲，参数估值具有良好的性质，伪回归也得到了有效规避。

$$SEO_t/PTS_t = \beta_0 + (\beta_1 HOT_t + \beta_2 INTEREST_t + \beta_3 VOLATILITY_t) \times$$
$$POLICY_t + \varepsilon_t \quad\quad (5.5)$$

表5-6　　　　　　　　　　　　实证检验结果

	MODEL (5.1)	MODEL (5.5)
HOT × POLICY	0.0039 * (1.7036)	0.0033 * (1.7115)
INTEREST × POLICY	0.0051 ** (2.1772)	0.0048 *** (3.3965)
VOLATILITY × POLICY	−0.2662 ** (−2.0418)	−0.1986 *** (4.4867)
EG × POLICY	−0.0009 (−1.5507)	—
MS × POLICY	−0.0005 (−0.2964)	—
PTS	−0.0048 (−0.4917)	—
F 统计量	2.9208	3.6335
调整的 R²	0.2425	0.3787
D. W.	2.1456	1.8516

注：表中 *** 、 ** 、 * 分别表示在1%、5%、10%的水平下显著，括号内数值为对应 t 统计量。

第五节　实证结果分析

回归结果显示，用以度量市场融资时机的虚拟变量 HOT 对 A 股市场整体股权再融资程度确实存在显著的正向影响，说明热发市场状态将衍生更多的再融资行为，而冷发市场状态下，市场整体股权再融资行为将趋于减少。这一结果与本章的研究假设相一致，市场择时理论在中国样本中得到了验证，即从市场层面看，上市公司股权再融资行为存在明显的时机选择特征，由于"市场误价"所导致的金融资产价格时机窗口和由于监管因素所导致的政策时机窗口，对上市公司的股权再融资决策具有显著的影响。

其他控制变量中，反映证券市场波动性的 VOLATILITY 变量与市场整体的股权再融资规模指标之间表现出显著的负相关关系，这说明市场波动性大意味着公司的股权再融资决策面临更多的不确定性，为规避风险，公司会有意识地减少使用外源股权融资。同时，出于维持市场稳定的目的，面对波动性大的市场状态时，监管部门倾向于放行较小规模的股权再融资申请，从而避免新证券的发行加大市场的不稳定性。反映债务融资成本的变量 INTERSET 对市场整体的股权再融资规模有显著的影响，两者之间呈正相关关系，意味着债务融资成本越高，市场中整体的股权再融资规模越大，上市公司股权再融资决策是权衡了债权融资成本与股权融资成本之后的产物。

模型（5.1）估计结果中回归系数不显著，模型（5.5）中被剔除的控制变量是反映宏观经济增长率的变量 EG，反映货币政策松紧度的变量 MS 和反映股权分置改革进程和效果的变量 PTS。其中，考虑股权分置改革对提高资本市场资源配置效率的作用显现需要较长的时滞，不显著的实证结果从一个侧面说明，至少从股权再融资决策的制定方面看，股权分置改革目前还没有对证券市场的外部治理效率提高起到实质性的作用。针对 EG 和 MS 的实证结果，与本章在选取变量时所做的假设不同。对此，我们给出的解释是：

（1）宏观经济增长率与市场整体股权再融资规模之间的关系不显著的可能原因有两个：一是本书按季度进行时间分段，样本期较短，上市公司融资决策从制定到筹得资金并投入使用需要的时间远多于 3 个月，因此当期的宏观经济增长状况与市场股权再融资程度之间的关系可能不显著。二是如果"市场误价"程度足够大，从而保证上市公司的股权再融资成本足够低，那么，无论是否有理想的投资项目，公司都将产生募资冲动。联系我国市场的实际情况来看，普遍存在的上市公司过度融资和募资投向变更现象，也反映出股权融资决策与由经济增长带来的投资机会关系不大。

（2）货币政策松紧度表现出不显著的特征，可能的原因是：一方面，货币政策从实施到生效会有一个时滞，且该时滞期大于 3 个月，采用当期数值进行的实证检验结果不显著；另一方面，上市公司较之其他企业而言资信状况更好，属于信贷市场中的"优质"债务人，在货币政策趋紧时，银行等债权人在可供放贷的资金量受限的前提下，更愿意将资金投放给上市公司。因此，上市公司在货币松紧度不同的局面中受到的债务融资约束条件变化不大，继而导致股权再融资决策与货币政策松紧度之间的关系不显著。

本章小结

本章通过构建回归模型，从市场层面，就外部主体的有限理性行为对我国 A 股市场中上市公司的股权再融资决策所产生的影响进行实证检验。所做主要工作和结论如下：

第一，借鉴行为金融学的研究成果，提出实证分析的基础假设，即公司内部管理者完全理性而金融市场中的外部主体有限理性，理性的管理者能够及时发现并利用市场中存在的融资时机窗口进行股权再融资，同时论证了这组假设的合理性。

第二，对围绕市场择时理论展开研究的重要文献做了回顾和述评，尤其是通过对已有的市场时机度量指标进行比较分析后，选择以股票市场中 IPO 家数为基础区分热发市场和冷发市场，并设计哑变量 HOT 来描述公司可能面对的市场融资时机，这种融资时机是"市场误价"与监管政策变动共同作用的结果。

第三，以 2000 年 1 月至 2010 年 12 月为研究时间段，按季度将其分为 44 个样本期，构建回归方程，在控制其他影响公司资本结构决策宏观变量后，考察市场融资时机对整体股权再融资程度的影响。结果显示，两者之间具有显著的正相关关系，即市场整体的股权再融资程度在热发市场状态下较之冷发市场状态下更高，这支持了本书所做的研究假设，证明从市场层面看融资时机窗口是影响公司股权再融资决策的重要因素。

第四，在回归模型构建的过程中，我们尝试将股权分置改革的作用纳入考虑的范畴，检验其进程对上市公司再融资决策的影响，最终得出的是不显著的结果，这至少从一个侧面说明股权分置改革对金融市场资源配置效率的实质性提高作用显现尚待时日。

第六章　内部决策主体非理性与股权再融资决策实证研究

公司管理者受所有者委托，以代理人身份制定融资决策、实施融资行为，在内、外部治理机制有效前提下，管理者以公司价值最大化、股东价值最大化为目标进行决策，否则就会受到惩罚。虽然我国上市公司采用的是理论上资源配置效率最高的企业组织形式，即现代股份公司制度，但是，由于外部金融市场环境不够健全、内部公司治理制度不够完善，使得这种企业制度应有的作用没有被充分发挥出来，股东、董事会和管理层之间的制衡力薄弱，对公司内部决策主体所表现出的非理性行为无法从制度上进行约束和规避。认知心理学的研究成果显示，由认知偏差所导致的非理性心理特征是普遍存在的，其中，"过度自信"是决策过程中典型而普遍存在的现象。本章在前文论证基础上，运用行为公司金融学中的管理者过度自信理论，通过构建 PROBIT 模型，检验内部决策主体的非理性心理特征是否会对我国 A 股市场中上市公司的股权再融资行为造成直接影响。

第一节　管理者过度自信理论研究框架

一　基础假设与融资策略

（一）基础假设

心理学研究中提到认知偏差是人固有的特征之一，但是，在决策过程中，企业管理者往往并不都能觉察到这种心理决策偏差的存在，进而有意识地对其非理性的行为进行修正，因此，多数的决策、决定都或多或少地受到主观因素的影响，也就是说，当这些非理性的决策因素存在于决策过程中的时候，其决策结果必然有非理性判断的痕迹。尽管每个管理者都会希望，甚至相信其主观意识是理性的，尽管管理者会在决策过程中通过安排完备的制度和程序使决策结果理性化，但实际上，人的心理和情绪因素难以规避，有人的参与就会有心理决策偏差的存在，有心理决策偏差就不会是完全理性的判断，这种非理性认知偏差的干扰最终一定会表现为决策结果具有一定的非理性，至少在局部范围上是这样的。

非理性管理者模型认为，在金融市场中同时存在着理性的投资者和非理性的公司管理者。此外，在这一分析框架中还有两个基础的前提假设：

1. 公司的决策受内部管理者以及其个体特征的影响

由于管理者在公司经营决策环节上施加的影响较难进行定量分析，因此，关于管理者同公司决策之间的关系，在不同派别的经济学理论中也存在较大争议。新古典经济学派认为，公司管理者的个人行为特征对经营决策不会产生重大影响。而基于信息不对称假设的代理理论则认为，公司管理者可以借由自主决策权在公司内部对决策施加影响，从而体现自己的意志。同时，代理理论也强调了这是由于各公司所采用的治理机制的不同所造成的，即董事会对公司管理者的约束力存在差异，以至于使得管理者给公司决策带来不同程度的影响，因此，代理理论相信公司决策不会受到内部管理者个人特征的干扰。Bertrand 和 Schoar（2003）研究发现，公司在投（融）资决策、组织结构战略决策等方面和公司管理者个人特征之间都表现出系统的相关性。Malmendier 和 Tate（2005）的研究则证实，公司管理者的个人特征同公司的财务决策之间存在相关性。

2. 公司决策制度与治理机制对管理者的约束力有限

虽然制度层面对管理者决策的制约手段很多，机制设计在理论上是较为完备的，但在实践操作中表现出的效果并不完美。比如，在公司治理结构中，原本希望通过设置董事会对管理层的行为施加影响，董事会既有监管职能，又有集体决策的作用。但问题是，在一些公司中，CEO 往往兼任董事会主席，显而易见，一身兼二职的情况下，公司董事会和管理层的决策都会受到 CEO 个人意志的深刻影响。此外，董事会成员作为独立个体的人，也都存在非理性认知偏差，董事会成员之间的这种非理性表现相互作用、影响，最终的结果是造成董事会成员做出的集体决策也难以避免非理性印记。贾尼斯（Janis，1982）对这种集体性行为偏差进行的研究表明，在一个群体组织中，当某个成员表现为过度乐观时，这种心理特征会彼此强化，其结果就是单一个体的过度乐观、过度自信等非理性判断会在群体中得到认同，从而演化成群体性认知偏差。

行为公司金融理论中对管理者认知偏差的绝大多数实证研究都集中在"过度自信"上。导致这种研究格局的原因有以下几个方面：

（1）心理学、行为学的诸多研究成果均证明这种心理偏差是普遍，甚至是"必然"存在的；

（2）归因偏差会强化，甚至诱发管理者的过度自信偏差；

（3）基于非理性预期的决策将增大公司经营风险和出资者投资风险。

基于上述分析，本章探讨的公司内部决策主体的非理性问题，集中所指也是"管理者的过度自信"。

（二）融资策略

此处参照贝克、鲁巴克（Ruback）和瓦格勒（2004）总结的数理模型，就管理层过度自信偏差可能对公司融资决策造成的影响做以解释。假定公司的管理层持过于乐观的态度看待公司的市场价值以及未来的投资机会，则他们需要在两个互相矛盾的目标间进行权衡选择：

目标一：最大化"感知公司的内在价值"（Perceived Fundamental Value）。这个目标可以通过下述公式进行表达，设定 γ 为乐观指数，则公司内在价值的增加可被描述为：

$$(1+\gamma)f(K, \ .\ ) - K$$

其中，K 为新增投资额，为 K 的正相关函数，将随着 K 的增加而增大。上述公式刻画的情况是，公司内部管理者的过度自信通常表现为两个方面：一是高估投资机会的现金流收益；二是低估其风险。在不完美的金融市场上（如税收因素的存在），MM 定理无效，则融资额和投资之间将表现出严格的函数依赖关系。

目标二：最小化"感知的资本成本"（Perceived Cost of Capital）。企业管理层基于自身利益考虑或者从遵守契约责任角度出发，都希望做出的经营决策能够有利于现有股东价值最大化，表现在融资选择方面，会试图找到一个募资成本更低的市场时机窗口去发行股票，但是，这种时机窗口在他们眼中并不存在，原因是，对公司前景过度自信和乐观的认知偏差导致他们始终相信资本市场低估了其公司股票的价值。也就是说，即使是在强式效率型的金融市场中，公司的市值恰当地反映了其内在价值 $f-K$，但是，在管理者看来，公司总价值仍然被低估了 γf。如果拟发行的股票数量占公司总权益的比重为 e，管理者会认为，这种外源股权融资行为将导致股东长期价值的损失，损失额度是 $e\gamma f\ (K,.)$。

综上所述，权衡两个互相矛盾的目标后，对企业前景持过度乐观态度的内部管理者通常会为实现以下目标而选择进行新的投融资活动：

$$\max_{K,e}\{(1+\gamma)f(K,.) - K - e\gamma f(K,.)\}$$

即在完美的金融市场中（不考虑预算约束），具有过度自信偏差的内部管理者认可的公司最优融资策略需满足如下条件：

$$f_K(K,.) = \frac{1}{1+(1-e)\gamma} \text{和} (1+\gamma)f_e(K,.) = \gamma[f(K,.) + ef_e(K,.)]$$

上式说明，如果 $\gamma = 0$，意味着管理者是完全理性的，他们认为，新增外源股权融资给现有股东带来的额外价值损失为 0，因此并不会刻意回避发行新股融资。如果 $\gamma > 0$，意味着管理者是过度自信的，他们认为，新增外源股权融资，改变财务杠杆水平将导致现有股东边际价值的损失，因此，除非迫不得已，不然，将不会发行新股融资，在这种情况下，公司融资顺序与优序融资理论的观点相类似，管理者首先选择内源融资和外源债务融资，外源股权融资是最后的选择。

需要补充说明的是，在综合考虑其他多种因素后，企业管理者并不会简单地排斥对股权融资的选择，比如，当企业股权结构过于单一，企业管理者认为，这种单一结构会带来高风险的时候，他们就不会再拒绝在资本市场发行股票进行外部权益融资的机会了，即使此时他们同样认为市场还是低估了其股票价值，外源股权融资也是值得考虑的融资方式。

二 相关文献回顾与述评

管理者非理性问题研究最早始于 1986 年，罗尔（Roll）在针对公司并购行为进行分析时提出了傲慢假说。此后，学者们以罗尔的傲慢假说和心理学中关于过度自信的研究成果为基础展开了更为深入全面的探讨，在假设公司管理者具有过度自信倾向的前提下，分析了这种非理性的心理特征对公司投、融资决策的影响。随着相关成果的不断丰富，逐渐形成行为公司金融学中的管理者过度自信理论。比较来看，由于公司进行投资扩张时管理者过度自信的非理性行为表现更为明显，因此，借助这一假设对公司投资行为的研究要多于对公司融资行为的研究。

就融资领域的研究而言，标准金融学范式下的经典资本结构理论体系本身呈现出百家争鸣的态势，无论是在不同筹资方式的选择顺序，还是筹资规模的确定，抑或是选择原因等问题上，学者们都提出了各有侧重，同时既区别明显又有着内在联系的多样化观点。

从管理者过度自信视角审视融资问题，是对经典资本结构理论体系的全新挑战，同时也从一个新的视野对它进行了阐释和丰富。作为公司融资领域的研究前沿，基于管理者过度自信视角的研究成果日渐丰富，但还未形成完整系统的理论体系，相关结论充满争议，这种局面既意味着该理论的不成熟，也同时意味着该领域具有广阔的研究空间。

下面围绕如何解释公司的融资偏好问题，对经典资本结构理论与管理者过度自信理论的相关主要研究成果做一回顾和比较：

（一）从比例的角度分析公司的融资决策

经典资本结构理论体系中有一类①观点认为，公司存在最优资本结构，且在动态、持续的融资过程中管理者将不断调整负债权益比，以使之向最优资本结构趋近。在此基础上，管理者过度自信理论的主流研究结论指出，过度自信的心理偏差会导致管理者过多地使用债务融资，其结果是公司的负债权益比总是偏离管理者完全理性状态下的最优比值。哈克巴思（Hackbarth，2004）利用期权分析框架，从委托—代理问题的角度构建数理模型，论证过度自信的认知偏差是如何影响融资决策的。他指出，管理者的过度自信倾向将表现为过高估计投资项目未来的盈利能力，同时过低估计相关现金流量风险。在错误预期的基础上，他们会高估债务融资的抵税效应，低估财务困境成本，在权衡债务融资的利弊之后，过度自信的管理者将为公司选择更大的债务比例。费尔柴尔德（Fairchild，2005）在考虑了信息不对称因素后，得出了类似的观点。他认为，过度自信偏差将导致管理者倾向于选择超过最优规模的负债权益比。哈克巴思（2008）从委托—代理问题的角度构建未定权益模型，得出的核心结论与哈克巴思（2004）相似，即过度乐观的管理者使用了过多的债务资金。

由于很难找到可以用来恰当反映管理者自信程度的替代变量，因此，相关实证研究进展较为缓慢，争议也较多，最主要的争议就集中在过度自信衡量指标的设计方法方面，在下一小节中，我们将对其进行集中的比较和评价。忽略方法上的差异，单纯从研究结论的角度看，多数文献的观点是支持前述数理模型推导出的结论的。比较具有代表性的文献，如奥利弗（Oliver，2005）以成立时间超过 25 年的美国企业为对象进行了研究，发现管理者的信心程度与企业的负债水平呈显著的正相关关系。本·戴维、格拉汉姆和哈维（Ben - David, Gra-

---

① 如权衡理论、控制权理论等认为，公司存在最优的资本结构，但是它们对影响最优负债—权益比大小因素考虑的侧重点不同。

ham and Harvey，2007）针对 CFO 的研究，Barros 和 Silverira（2007）以巴西上市公司为对象的研究都得出了相同的结论。Gombola 和 Marciu-kaityte（2007）尝试综合考虑过度自信偏差与市场时机窗口对公司融资决策的影响，他们以具有高成长性的公司为考察对象，研究发现，前者的影响非常明显，过度自信的管理者更倾向于使用债务融资而不是权益融资。但是，没有证据可以证明过度自信的管理者会充分利用有利的股权融资时机窗口去发行新股募资。

国内学者在该领域取得的重要研究成果有：余明桂、夏新平和邹振松（2006）利用我国上市公司 2001—2004 年的数据进行实证检验，在控制了盈利能力、税收等对资本结构有重要影响的变量之后，得出的结论是管理者的过度自信程度与公司的资产负债率，尤其是短期负债率显著正相关。黄莲琴（2009）以 2002—2007 年我国 A 股上市公司的数据为基础，用债务总体净增加额和长期债务的净增加额来反映公司的债务融资水平，得出的主要结论是，过度自信的管理者比没有表现出过度自信特征的管理者使用了更多债务资金。曲春青（2010）以 2001—2003 年发生过并购行为的我国 A 股上市公司为考察对象，研究发现过度自信的管理者倾向于使用更多的债务融资，且在债务融资中更倾向于使用较多的短期债务。朱广印（2010）以 2006—2008年，我国 A 股上市公司中管理层持股的公司为考察对象进行了类似的研究，并得出与曲春青（2010）基本相同的结论。

（二）从顺序角度分析公司融资决策

除关注静态负债权益比（或类似反映公司资本结构的指标）之外，研究公司融资决策的另一条主要思路是对融资顺序进行探讨，这一脉络中最著名的是迈耶斯（1984）提出的优序融资理论，也被称为啄食顺序理论。该理论在考虑公司内部管理者与外部投资者之间的信息不对称情况后，认为公司在需要募集资金时，将遵循"内源融资—债权融资—外源股权融资"的筹资顺序，公司没有目标资本结构，历史上多次融资行为累加的结果形成了当前的负债权益比。后续的文献从理论探讨和实证检验的角度对其进行了验证和拓展，结论存在一定的争议。运用管理者过度自信理论进行的研究也未能得出一致的观点。

基于管理者过度自信假说得出支持优序融资理论观点的研究有希顿（Heaton，2002）的《管理者过度自信与公司融资》一文，该文从新的视角，在不考虑信息不对称和代理问题前提下，对优序融资理论的观点进行了重新解释。希顿认为，外部市场投资者对公司未来经营状况的预期将影响到公司所发行的金融证券的市场价格。而内部管理者的过度自信认知偏差将使他们评估本公司投资项目的前景时，高估乐观状态出现的可能，低估悲观状态发生的概率，其结果是高估未来的现金流量。具有过度自信心理偏差的管理者据此认定金融市场低估了本公司所发行的金融证券的价值（即认为市场价格偏低），所以，他们认为，进行外部融资意味着更高的筹资成本，这将折损公司的价值，内源融资是他们需要筹资时首选的筹资方式。同时，风险等级越高的证券，市场价格对市场预期的敏感性越强。因此，在过度自信管理者看来，如果一定要进行外源融资，且市场对其公司股票价格的低估程度更大一些，那么，利用发行债券融资自然要比利用股权融资更好一些。

Malmendier 和 Tate（2005a）对上述观点进行了检验，他们选用在《福布斯》500 强中任职的 477 个 CEO 为考察对象，证明希顿（2002）的观点是成立的。Malmendier 和 Tate（2005b）用另一种管理者过度自信度量指标的设计方法得出了与 Malmendier 和 Tate（2005a）一致的结论。此外，Glaser、SchAaferss 和 Weber（2007）针对德国上市公司的研究，Lin、Hu 和 Chen（2005、2008）以中国台湾地区上市公司为样本的研究，郝颖、刘星和林朝南（2005）以中国上市公司为样本的研究，江伟（2010）针对我国上市公司董事长的研究，都从投资—现金流敏感性的角度提供了实证数据的支持，认同过度自信的心理偏差会使管理者更偏爱内源融资，如果一定需要进行外源融资，那么他们更倾向于优先使用债务融资。

基于管理者过度自信假说，得出与优序融资理论不同观点的研究有：哈克巴思（2008）指出，两种类似但有差异的认知偏差会给公司的融资决策带来显著不同的影响，从而使得优序融资理论并不总是成立的。哈克巴思将管理者对公司未来收益成长性的高估视为过度乐观心理偏差的外在行为特征，而将管理者对公司未来收益风险的低估视为过度自信心理偏差的外在行为特征。通过构建数理模型进行推导，他认为，前一类型的管理者相信外部金融市场低估了其公司所发行的风险证券的价值，外源融资成本过高，并据此相对更偏爱进行内源融资，如果必须使用外源融资，那么他们更愿意使用债务资金，原因是权益证券的价格受认知偏差的影响更大，从而被此类管理者视为成本最高的融资方式，综合来看，过度乐观偏差会导致公司遵循优序融资理论的观点，按照"内源融资—债权融资—外源股权融资"的顺序进行募资。另外，过度自信的偏差则会颠覆上述融资偏好的顺序。哈克巴思认为，过度自信的管理者因权益证券的凸性而相信市场高估了本公司股票价值，低估了本公司债券的价值，因此，在这类管理者眼中，进行外源股权融资的成本比债权融资成本低，基于这种判断，他们表现出的是"内源融资—外源股权融资—债权融资"的顺序偏好。在现实的金融市场中，确实有一些公司的募资特征与上述结论相类似，它们更偏爱外源股权融资，哈克巴思（2008）的研究为解释这种现象提供了一个新的思路和依据。

综上所述，在从"比例"的角度分析公司的融资问题时，现有研究结论基本都认可过度自信的管理者比完全理性的管理者使用了更多的债务融资，为公司选择的负债权益比偏离了最优资本结构状态。但是，从融资顺序来看，围绕过度自信偏差是否会导致管理者遵循优序融资理论的观点，以及它会使管理者更偏爱怎样的债务期限结构的讨论尚无被普遍接受的观点，导致相关结论差异较大的原因很可能是不同国家在融资机制与公司治理结构等方面存在显著不同。Lee 等（1995）、Yate 等（1998）对过度自信的跨文化比较研究结果显示，与美国人相比，中国人具有更强烈的过度自信偏差。因此，在我国特殊的背景下，上市公司管理者的过度自信心理偏差会对融资决策产生怎样的影响，是一个有待深入探讨的问题。相对于投资决策研究（王霞等，2008；吴超鹏等，2008；姜付秀等，2009），我国学者利用管理者过度自信假说对公司融资决策的研究还处于起步期，表现不成熟、不系统。

第二节　管理者过度自信衡量
指标比较与选择

　　自从罗尔（1986）提出管理者过度自信理论以来，该领域研究以理论模型推导居多（Fairchild, 2006；Hackbarth, 2008），实证检验滞后（Malmendier and Tale, 2005），其中，一个关键原因是难以找到管理者过度自信的精确度量指标，为此，研究人员在实证研究中做了长期、大量的尝试。已有文献中较为成功的替代变量设计思路有以下几种。

一　基于管理者收入制度安排视角

　　公司治理制度要解决的核心问题是如何对内部管理层实施有效激励和约束，从而引导管理层立足于实现股东价值最大化目标进行决策，其中，重要的两个途径分别是向管理者提供恰当形式的薪酬激励和股权激励。与此对应的管理者过度自信衡量指标有管理者的相对薪酬比例以及管理者股票或股票期权的持有量。

（一）管理者的相对薪酬比例

　　针对薪酬激励制度的理论研究有管理层权力观和最优契约观①两个常用视角，其中，前者关注重点是管理层如何影响与其自身利益相关的薪酬激励安排。该观点认为，与薪酬激励有关的制度安排不仅仅是股东权衡多方面利弊之后的意志体现，它们在很大程度上也受到管理层意愿的影响。布朗和萨玛（Brown and Sarma, 2007）等研究表明，管理者的相对薪酬越高，他对公司的控制力就越强，也就越容易产生过度自信偏差。这说明通过考察公司高层管理者的相对薪酬，可以在一定程度上评价管理者的过度自信程度。史永东和朱广印（2010）将上市公司薪酬最高的前三位高层管理者的薪酬

---

　　① 最优契约观认为，股东会根据自身利益为管理层设计薪酬激励制度，希望借以减少代理成本，实现最大化股东财富的目的。

占全部高层管理者薪酬的比例从高到低进行排序，如果某公司的数值大于中位数，则认为该公司的管理者是过度自信的，并在此基础上对管理者过度自信与企业并购决策之间的关系进行了实证研究。

我国上市公司高层管理者薪酬状况透明度较低，为了改变这一现状，2007 年证监会颁布实施的《上市公司信息披露管理办法》规定，"董事、监事、高级管理人员的任职情况、持股变动情况、年度报酬情况"应当在年度报告中进行披露。即便如此，大量隐性收入的存在也削弱了被披露数据的说服力。

（二）管理者的股票或股票期权持有量

股权激励常被视为解决委托—代理问题，减少代理成本的有效手段。这类制度安排的主要用意是通过给予管理者某种股权形式①的收益索取权，让他们在一定程度上与公司的股东共担风险、共享收益，从而保证管理者以实现股东财富的最大化为己任，从实现股东价值增值的角度出发去决策和选择。同时，为规避管理者行为的短视化和内幕交易，股权激励契约中多数附加了限制性条款，用以阻止管理者短期内在金融市场上套现或对相关证券进行套期保值。通常理性管理者会在法律和契约允许范围内，选择恰当的时机抛售股票或行使期权，目的在于牟利或规避风险。

至于什么是"恰当的时机"，则取决于他们对公司未来发展前景的预期。如果外部市场投资者普遍认为"时机恰当"，而管理者却仍然未套现，选择继续持有相关证券，甚至不断增持股票，或持有期权直至其过期，那么，就可以将类似表现视为管理者对公司发展有信心，也许在某种程度上他们是过度自信了。

Malmendier 和 Tate（2005a）较早使用了上述思路来设计管理者过度自信程度的度量指标。Lin、Hu 和 Chen（2005，2008）沿用这一思路，用 CEO 持有本公司股票的数量作为代理变量对相关研究进行稳健性检验。我国学者也比较认可这类指标设计方法，郝颖等（2005）、叶蓓等（2008）使用公司高层管理者持股的变动情况来判

①　一般包括管理者持股或者持有股票期权。

断管理者的过度自信程度，饶育蕾和王建新（2008）细化了度量标准，用大盘增长幅度作为基准，只有当本公司股票的市场价格涨幅跑赢大盘时，仍然不进行减持的 CEO 才被视为具有过度自信偏差。

理论界虽然对这类度量指标的争议相对较少，但其在我国市场背景下的适用性还有待商榷。原因是：一方面，就管理者持股状况而言，现行法律法规在买入方面限制较少，但是，在减持方面却规定较严格。公司高层管理者人员所持股票在 2006 年新公司法实施以前，只能在其离职或退休半年后才能上市流通，2006 年 1 月 1 日起，虽然任期内可以减持股票，但数额仍有规定，每年不得超过其所持有本公司股票总数的 25%。① 此外，为更好地维护证券市场秩序，监管部门和沪深交易所又对相关交易制定了更详细的规定。② 这都使得管理者选择继续持股或增加持股的原因未必是其看好公司未来的发展前景，或者是对个人能力充满自信。另一方面，从管理者持有的股票期权状况来看，我国上市公司对高层管理者实施股权

---

① 新《公司法》第一百四十二条规定："公司董事、监事、高级管理人员应当向公司申报所持有的本公司的股票及其变动情况，在任职期间每年转让的股票不得超过其所持有本公司股票总数的百分之二十五；所持本公司股票自公司股票上市交易之日起一年内不得转让。上述人员离职后半年内，不得转让其所持有的本公司股票。"该规定对相关人员在特定时期内可以减持的股票比例做出了限制。

② 2006 年 1 月 1 日起实施的《证券法》第四十七条规定："上市公司董事、监事、高级管理人员、持有上市公司股份百分之五以上的股东，将其持有的该公司的股份在买入后六个月内卖出，或者在卖出后六个月内又买入，由此所得收益归该公司所有，公司董事会应当收回其所得收益。"类似的规定还有，2007 年 4 月 5 日起生效的《上市公司董事、监事和高级管理人员所持本公司股份及其变动管理规则》第四条规定："上市公司董事、监事和高级管理人员所持本公司股份在下列情形下不得转让：（一）本公司股票上市交易之日起一年内；（二）董事、监事和高级管理人员离职后半年内；（三）董事、监事和高级管理人员承诺一定期限内不转让并在该期限内的；（四）法律、法规、中国证监会和证券交易所规定的其他情形。"第十三条规定："上市公司董事、监事和高级管理人员在下列期间不得买卖本公司股票：（一）上市公司定期报告公告前三十日内；（二）上市公司业绩预告、业绩快报公告前十日内；（三）自可能对本公司股票交易价格产生重大影响的重大事项发生之日或在决策过程中，至依法披露后二个交易日内；（四）证券交易所规定的其他期间。"

激励的时间还非常短暂①，相关的公司数量也非常有限。根据 WIND 资讯的统计，从 2006 年 1 月 1 日到 2011 年 7 月 18 日，累计只有 101 家上市公司实施了股权激励计划，很难针对行权行为来设计指标去度量我国上市公司管理层的过度自信程度。

二　基于外界对管理者评价视角

CEO 作为对公司发展前途具有重要影响力的高层管理者，其言行被外部市场投资者、利益相关者甚至一般公众普遍关注，这种关注会通过某种媒介表现出来，形成对 CEO 的舆论评价。有学者尝试通过考察这些外部评价来推断管理者的过度自信程度。Malmendier 和 Tate（2005b）收集了《商业期刊杂志》对 CEO 的描述性评价，如果这些评价中频繁出现"Confident"或"Optimistic"等字样，那么就将被评价的 CEO 视为过度自信。布朗和萨玛（2007）设计了公式对类似媒体评价信息进行定量分析，借以判断管理者是否过度自信。Deshmukh、Goel 和 Howe（2008）也在研究中选用了这种思路来构建指标。

这种以公开传媒中的信息内容为基础，通过系统、定量分析来探寻特定问题答案的方法被称为内容分析法。该方法对公开文献资料的"质和量"要求很高，依赖性很大，信息甄别成本高且难以保证效果。此外，参与调研的工作人员是否能真正理解相关信息要表达的意思，给出客观判断，也影响该方法研究结论的可靠性。由于上述种种困难，目前选用这种思路的研究文献还不太多。

三　基于管理者自身特征视角

过度自信是管理者的一种心理特征，这一特征必然会以某种外在行为方式表现出来，因此，我们可以通过考察特定行为特征是否存在，来反推出管理者是否过度自信。从理论层面的界定方法看，在心理学和经济学的基础研究中，通常使用"偏离校准"作为过度

---

① 2005 年 12 月 31 日，中国证监会颁布《上市公司股权激励管理办法（试行）》，同年 8 月，财政部颁布《企业会计准则第 11 号——股份支付》，标志上市公司实施股票期权计划将有章可循。

自信程度的度量标准。"校准"是指被测试者对自己所估计结果的准确性和自身判断能力的评估。Fischhoff、Slovic 和 Lichtenstein（1977）认为，如果人们倾向于高估自身判断的准确性，即估计值高于最佳校准值，这种表现就被视为过度自信。于窃和李纾（2006）也使用了"偏离校准①"的概念来界定过度自信。据此，本·戴维、格拉汉姆和哈维（2007）的指标设计方法是，先让 CFO们对股票市场未来整体收益的状况进行预期，统计相关的置信区间狭窄情况，然后，以实际的市场数据为标准来判断被考察的 CFO 是否偏离校准，是否过度自信。研究结果显示，CFO 呈现出较强的过度自信倾向。对于这一类指标设计思路，由于影响股票投资收益的因素很多，而且，就我国股市而言，市场尚不完善，政策性因素的干扰明显，加之由于历史原因以及现行上市公司的股权结构特征和公司治理特征，使得相当一部分上市公司高层管理者并不关注股市变动，因此，目前其在我国市场中的适用性仍有待商榷。

还有学者认为管理者身份对其心理特征有重要影响，Barros 和Silveira（2007）研究指出，企业的创始人、绝对控制人往往更容易表现出过度乐观或过度自信的心理偏差，他们将身份为创始人、继承人或绝对控制人（持股比例超过 50%）的 CEO 和董事会主席视为过度自信样本。市场基础背景的差异使得 Barros 和 Silveira（2007）的指标设计思路在我国暂不可行。

四 基于管理者经营决策视角

有研究表明，与理性管理者相比，具有过度自信心理偏差的管理者通常会发起更加迅速、频繁的并购（Merger and Acquistion，M&A），而且并购绩效相对较差。如罗尔（1986）的经典文献就是围绕企业的并购行为展开讨论，继而首次也是初步提出了管理者过度自信假说。根据这一思路，研究人员尝试通过观察公司在特定时间段发起并购的频数以及绩效来解读相关高层管理者人员心理特

---

① 对过度自信的测量方式为：偏差（Bias）＝被测试者认为自己选择正确的平均概率－被测试者选择的实际正确率。

征。Doukas 和 Petmezas（2007）据此设计了两种判断管理者是否过度自信的方法：一种是将 3 年内并购次数超过 5 次的公司管理者视为过度自信的样本；另一种是将并购过程中增持了本公司股票的管理者视为过度自信样本。曲春青（2010）借鉴了 Doukas 和 Petmezas（2007）的研究思路，在考虑了我国的市场背景后，认为三年内并购频数超过两次的公司管理者是过度自信的。吴超鹏、吴世农和郑方镳（2008）则是以"首次并购是否成功"作为判断标准，进行了类似的探讨。

由于历史原因，我国股市与发达国家股市相比发展滞后，政府行为对资源配置干扰较大，上市公司的相当一部分并购行为是政府行政干预或引导的结果，这使得并购频数对公司高层管理者心理特征的反映力有限。同时，本书侧重探讨的是管理者过度自信与公司股权再融资行为之间的关系，在样本选择上两者的交集过小，因此，本书不使用这类指标度量管理者的过度自信程度。

五 基于相对宏观指标视角

有学者尝试通过分析消费者或管理者对宏观经济未来发展状况的预期来判断管理者是否过度自信，被使用过的指标有消费者情绪指数（Oliver，2005）和企业景气指数（余明桂、夏新平和邹振松，2006）等。前者是由美国密西根大学通过对美国消费者进行定期电话访问，调查公众对当前及未来经济状况的个人感受，并以此为基础编制的；后者是以我国统计局公布的企业景气指数为基础，该指数的范围在 0—200，余桂明等认为，该指数大于 100 时，表明企业家对企业现在和未来的经营发展很乐观，该指数小于 100 时，则表明企业家对企业现在和未来的经营发展很悲观。

目前中国经济景气监测中心定期发布类似指数，如经济学家信心指数、消费者信心指数、企业家信心指数、各行业经济指数等，但所有这类指数都是从行业角度和宏观角度来衡量某个特定群体对未来的预期情况，将其用于反映单个公司管理者的心理偏差程度，说服力有限，难以刻画出管理者个人对自身能力与本公司前景的认可度。因此，虽然相关数据较容易获得，但本书并不倾向于使用这类方法。

六 基于公司业绩预测视角

公司高层管理者由于掌握大量内幕信息，因此，对本公司业绩有相对准确的预测，如果其对外披露的盈余预测有乐观偏差，则可以证明相关人员存在一定程度的过度自信。Hribar 和 Yang（2007）利用美国公司数据所进行的研究为上述观点提供了实证结论的支持。从理论层面上讲，刻画管理者过度自信程度最好的办法就是用其对公司盈利的预测情况与实际数据进行对比。Lin、Hu 和 Chen（2005，2008）选用这类思路，在利用中国台湾地区的数据进行实证研究时，以管理者对公司未来盈余的预测状况来推断其是否存在心理偏差，他们统计了 CEO 对公司未来盈余进行预测时的偏误方向及次数，将发生向上偏误的次数超过向下偏误次数的 CEO 视为过度乐观样本。在针对我国金融市场进行的研究中，余明桂等（2006）用发布了乐观盈余预期的公司为考察对象，将乐观预期发生事后变脸的公司的管理者视为是过度自信的，并在此基础上对文中的结论进行稳健性检验。王霞等（2008）、姜付秀等（2009）则将至少有一次盈利预测大于实际值的公司的管理层作为过度自信样本进行研究。黄莲琴等（2011）细化了判断标准，将管理者的盈余预测与实际盈余之间的差额（FE）为正且大于等于 50% 的，或者对市场预告的业绩与实际业绩不一致的公司的管理者视为过度自信样本。

我国监管部门从 1994 年开始强制要求上市公司对外披露盈余预测状况。[①] 此后，为增强上市公司在盈余预测信息披露方面的规范性，打击虚假陈述和恶意误导投资者的行为，证监会在 1996 年明确

---

① 证监会 1994 年颁布的《股票发行与交易暂行管理条例》第三十四条规定中，要求上市公司披露公司近三年或者成立以来的经营业绩和财务状况以及下一年的盈利预测文件。

提出了对过高估计和发布盈余预测信息的公司进行惩罚的规定①，相关规定在维护市场秩序的同时也限制了管理层对本公司未来前景进行预期的自由度，因此，在相应时间段内的盈余预告数据很难客观反映高层管理者层是否具有过度自信心理偏差，这种情况一直持续到 2000 年 4 月 30 日。② 此后，证监会取消了强制性盈利幅度预测披露要求，自愿性更强的盈利预测信息披露行为更能表现公司高层管理者的主观意愿。2006 年 7 月，深圳证券交易所颁布的《上市公司业绩预告、业绩快报披露工作指引》中，对业绩预告部分从披露的内容与格式两方面进行了正式的规范与完善，至此，标志着我国证券市场中相关制度的基本成熟。目前，我国上市公司的盈余预告披露行为同时兼具强制性和自愿性，且预告类型不断丰富，信息承载量大幅增加，为根据盈余预测公告所披露的信息来设计管理者过度自信度量指标提供了可能性和数据保障。

综上所述，根据对已有度量指标的比较分析，借鉴 Lin 等（2005，2008）、余桂明等（2006）、王霞等（2008）、姜付秀等（2009）、黄莲琴等（2009，2011）的指标设计思路，综合考虑我国市场的实际情况、上市公司数据的可获得性以及上市公司股权再融资的发展历程③，本书最终选择以上市公司发布的盈余预测公告为基础，构建管理者过度自信的度量指标。

---

① 1996 年证监会颁布的《关于股票发行工作若干规定的通知》中对盈利预测的规定如下："公司上报材料中的盈利预测报告应切合实际，并需要由具有证券从业资格的会计师事务所和注册会计师出具审核报告。若年度报告的利润实现数低于预测数的 10%—20%，发行公司及其聘任的注册会计师应在指定报刊上做出公开解释并道歉；若比预测数低 20% 以上的，除要做出公开解释和道歉外，中国证监会将视情况实行事后审查，对有意出具虚假盈利预测误导投资者的，一经查实，将依据有关法规对发行公司进行处罚；对盈利预测报告出具不当审核意见的会计师事务所和注册会计师，中国证监会将予以处罚。"

② 2000 年 4 月 30 日证监会发布并于当日生效《上市公司申请向社会公开募集股份报送材料标准格式（试行）》，该规定现已失效。

③ 证监会 2001 年 3 月 15 日颁布实施的《关于做好上市公司新股发行工作的通知》中取消了对增发公司范围的限制，至此，上市公司在四种股权再融资方式中进行选择的自由度大大提高。

第三节　研究设计

一　假设的提出

根据前文的分析，目前针对管理者过度自信特征对公司融资决策影响的讨论结果尚存在较大争议。

一方面，以发达国家和地区相对较成熟金融市场为背景的研究中，学者们虽然普遍认为过度自信的心理偏差将促使管理者使用更多的债务资金，但对债务期限结构的偏好认可却不一致，比如，哈克巴思（2004）通过理论模型的推导证明，过度自信的管理者倾向于频繁地发行新债务而导致债务期限结构更短，Landier 和 Thesmar（2009）的实证结果支持了这一观点；而本·戴维、格拉汉姆和哈维（2007）所进行的实证研究却表明，管理者的乐观预期偏差与公司长期债务的使用呈显著正相关关系；我国学者针对我国上市公司数据的实证检验结论多支持前一种观点（如黄莲琴，2009；曲春青，2010；朱广印，2010），但廖蕾（2009）则认为，过度自信的管理人员更加倾向于使用长期负债。

另一方面，关于管理者过度自信的心理偏差对公司融资顺序的影响目前还没有定论。希顿（2002）在管理者乐观假说基础上的研究为优序融资理论提供了新证据，他认为，管理者具有乐观心理特征的公司，在需要资金时会按照优序融资理论中所阐述的顺序进行筹资：首选内源融资和无风险证券，次选风险证券，最后才是进行外源股权融资。这一研究结果也得到了很多学者的支持，如 Malmendier 和 Tate（2005），Malmendier、Tate 和 Yan（2007），郝颖等（2005），江伟等（2010）。而哈克巴思（2008）对此提出异议。哈克巴思并不像大多数类似研究那样将过度自信与过度乐观等同起来合并考虑，而是将管理者的认识偏差进行明确的区分，认为高估公司未来收益成长性的过度乐观的管理者倾向于遵循优序融资理论；而低估公司未来收益风险的过度自信的管理者则表现出相反的融资顺序偏好。

正是基于上述分歧和争议，本章拟在中国金融市场背景下，通过构建涵盖管理者心理特征与股权融资偏好的实证模型，定量分析和检验过度自信的行为偏差对股权再融资决策的影响和作用机理。考虑到我国证券市场中监管部门对上市公司的外源股权再融资行为采取的是核准制，有相当一部分股权募资申请最终不能通过监管当局的审批。是否最终实施了增发、配股或发行可转债的募资行为并不能真实反映公司的融资意愿，这在一定程度上否定了以融资行为的实际发生来度量上市公司融资偏好的合理性。因此，我们以上市公司是否对市场发布预案公告表达股权再融资意愿为标准来判断其对融资方式的选择倾向。

下面通过构建面板数据的 Probit 模型，考察上市公司管理者过度自信偏差是否显著影响股权融资偏好的产生。但是，具体到影响的方向，也就是说，管理者表现出过度自信特征的公司是否具有更高或较低的提交股权再融资申请的概率？这依然是一个待检验的事实。

哈克巴思（2008）将管理者的过度自信心理偏差做了性质和程度上的细分，在此基础上的模型推导结论认为，这种心理偏差对股权融资偏好的影响存在不同方向的两种可能。由于权益证券的价格与债券的价格相比，前者对于认知偏差更加敏感，因此，当过度自信表现为对公司未来收益的成长性估计过高时，管理者认为，发行股票融资的成本大于进行债务融资的成本，此时倾向于避免进行外源股权融资；而当过度自信表现为对公司未来收益的风险估计过低时，管理者认为，发行股权融资的成本小于进行债务融资的成本，此时倾向于进行外源股权再融资。在中国特定的市场背景下，管理者固有的过度自信属性在公司融资意愿上的反映，应是上述两种作用机制综合影响的结果。据此，我们提出以下待检验的假设：

管理者过度自信心理偏差对上市公司股权再融资意愿的产生存在显著影响，但作用方向有待检验。

二 样本与数据

本书研究上海证券交易所和深圳证券交易所 A 股市场中上市交易公司的股权再融资决策，再融资方式包括配股、增发和发行可转债。以 2003 年 1 月 1 日至 2010 年 12 月 31 日作为研究区间，主要原因如下：

（1）2001 年 3 月 15 日证监会颁布实施的《关于做好上市公司新股发行工作的通知》取消了对增发公司范围的限制，上市公司除配股、发行可转债外，还可以自由选择增发新股，此后，上市公司在进行股权再融资时有了更多的选择、更大的自由度。

（2）2002 年 9 月 28 日，沪深证券交易所发布了《关于做好上市公司 2002 年第三季度报告工作的通知》，其中规定，公司预测 2002 年全年经营成果可能亏损或者与上年相比发生大幅度变动（一般指净利润或扣除非经常性损益后的净利润与上年同期相同指标相比上升或下降 50% 或 50% 以上），应在第三季报中进行预告。这一规定使盈余预告的事前预测功能更加明显，此后以盈余预测公告为基础设计管理者过度自信的度量指标更具有说服力。

数据筛选过程剔除了如下样本：

（1）金融类上市公司，原因是这类公司适用于特殊的会计和报告制度，且具有与其他工业企业等上市公司明显不同的资本结构（如财务杠杆水平偏高）。

（2）除发行 A 股外，还在境内、外其他交易所同时上市交易的公司（如纽约交易所、中国香港交易所），以及同时发行 B 股的上市公司，目的在于避免由于不同市场制度性的差异对相关研究结果的影响，这种制度性差异主要表现为对股份发行的不同法律规定和市场本身的发达程度（Wallance and Naser, 1995）。

（3）ST、PT 公司以及资产负债率超过 1 的其他上市公司，该类公司存在典型的资本结构和治理行为差异，其融资意愿完全取决于政策允许度和相关规定，进而使得这些公司是否明确提出融资申请无法反映其融资意愿，会干扰估计结果。

（4）在相关时期内，公司/年度内不具有可用资料。

通过以上筛选，共获得 8885 个公司/年度数据，其中，2003年 878 家样本公司，2004 年 935 家样本公司，2005 年 1029 家样本公司，2006 年 1042 家样本公司，2007 年 1113 家样本公司，2008 年 1209 家样本公司，2009 年 1278 家样本公司，2010 年1401 家样本公司。实证研究中所涉及变量数据主要来源于 WIND数据库和 RESSET 数据库，部分缺失数据来自 CSMAR 数据库及和讯财经网公布的上市公司信息。借助的数据处理软件为 Excel2007 和 Stata10.0。

三　变量与模型

（一）被解释变量

设置虚拟变量 APPLY 作为被解释变量，代表上市公司是否向金融市场公告宣布拟通过增发、配股或发行可转债方式进行股权再融资，不管这种再融资预案是否通过股东大会的批准，也不管能否最终被监管部门批准，只要管理层对外公告了这种意向，我们就认为，该公司的内部决策主体希望通过股权再融资的方式获得权益资金，此时，APPLY = 1；否则，对应年度内 APPLY = 0，同时，根据公司的首次信息发布日来确定其股权再融资意愿的发生时间。表6－1中列示了表现出股权再融资意向的上市公司样本数的年度分布状况。由于我国资本市场发展较快，上市公司的基数规模在不断扩大，因此，单从本表数据所表现出来的逐渐增加趋势中并不能简单得出结论，认为我国上市公司的股权再融资热情持续高涨。

从 2005—2007 年的数据对比中不难看出以下问题：由于为配合股权分置改革的推进，在 2005 年 5 月至 2006 年 6 月 19 日之间，证监会停止对所有 IPO 和 SEO 申请的审核。在此背景下，上市公司纷纷开始转向其他的融资途径，2005 年表现出股权再融资意愿的上市公司数目最小，而 2006 年下半年至 2007 年，被压制的股权融资需求显现出来，对市场公告再融资预案的公司数猛增。这一现象从侧面说明监管政策变化对我国上市公司的股权再融资决策有很大的影响，监管效率的提高对规范再融资行为意义重大。在后文构建 Probit 模型的过程中，我们对这一历史时期做了特殊处理。

表6-1　表现出股权再融资意向的上市公司样本年度分布状况

年份	2003	2004	2005	2006	2007	2008	2009	2010
样本公司数	82	76	57	190	275	185	262	213

资料来源：根据 RESSET 数据库相关资料整理而得。

（二）解释变量

OVERCONF 是管理者过度自信的替代变量。根据前文的论证，我们以上市公司在2003—2010年披露的第一季度季报、中报、第三季度季报及年报盈利预测信息为基础，设定如果样本期内上市公司至少有一次对其经营业绩表现出过度乐观预测倾向的，则将该公司的管理层视为过度自信，OVERCONFI = 1，否则，对应年度内 OVERCONFI = 0。

具体判断方法是，在 WIND 数据库中业绩预警有九种类型，分别是"预增、续盈、略增、扭亏、预减、略减、首亏、续亏、不确定"。其中，"预增、续盈、略增、扭亏"表现出公司对相关业绩的乐观预期；"预减、略减、首亏、续亏"表现出公司对相关业绩的悲观预期。由于本章侧重考察公司管理层预测倾向，而表现为"不确定"的业绩预警类型无法反映所需信息，所以，此类业绩预告样本不予考虑，而考察剩余的八种类型业绩预警公告。

WIND 数据库针对业绩预警信息有一个考核指标——"是否变脸"，其判断标准是两条：一条是业绩预警的内容与真实业绩不符；另一条是在公司真实信息披露之前，公司再次发布公告对已有的业绩预警内容进行修正，且两次公告的内容有重大差异。若符合上述两种情况，则标注为"TRUE"；反之为"FALSE"。当存在业绩变脸现象时，又可分为两种不同情况：一种情况是真实业绩没有达到业绩预告中的预测水平，或者是后一次业绩预告内容对前一次业绩预告内容进行了向下的修正；另一种情况正好相反，真实业绩要优于业绩预告中的预测水平，或者说后一次业绩预告内容对前一次进行了向上的修正。我们认为，前一种情况体现了管理层的过度乐观预期，后一种情况可被视为过度悲观预期。本书将符合过度乐观预期标准的公司视为管理层过度自信的样本。

需要补充说明以下两点：

首先，由于 WIND 数据库中"业绩预警类型"界定以上市公司最后一次业绩公告内容为准，这就存在一种可能，即悲观预期观测样本中也会存在过度自信的情况。例如，锦龙股份（000712.SZ）在 2010 年 4 月 15 日公布的 2010 年第一季度报告中预测该公司半年度业绩"预增"，同年 6 月 7 日更正为"略增"，7 月 15 日又发布修正公告，向下修正业绩，预测 2010 年半年度"略减"。根据 WIND 数据库的分类，其业绩预警类型为"略减"，属于悲观预期，但根据其公告的内容与实际情况对比，我们将其视为管理层过度自信的样本。

其次，悲观预期有程度差异，即使是发布了悲观预期公告的公司，其真实结果也可能更差。例如，鑫富药业（002019.SZ）在 2010 年的中报中预测 2010 年半年度业绩"预减"，同年 7 月 15 日发布的修正公告将预期改为"首亏"。根据 WIND 数据库的分类，其业绩预警类型为"预减"，属于悲观预期，但根据其公告的内容与实际情况对比，我们将其视为管理层过度自信的样本。

表 6 - 2 列示了研究期间内上市公司盈余预警样本的分布情况。

表 6 - 2 上市公司盈余预警样本分布

年份	我国上市公司发布的盈余预告样本总数（包括第一季度季报、中报、第三季度季报、年报）	符合本章数据筛选标准公司的业绩预告样本数		有效样本中业绩变脸观测值			过度自信公司样本		
		符合标准的预告中预警类型为"不确定"的样本数	年度有效样本数（包括第一季度季报、中报、第三季度季报、年报）	初次业绩预警时表现为乐观预期的样本数 (1)	初次业绩预警时表现为悲观预期的样本数 (2)	年度合计 (3) = (1) + (2)	初次业绩预警时表现为乐观预期的样本数 (4)	初次业绩预警时表现为悲观预期的样本数 (5)	合计 (6) = (4) + (5)
2003	1398	7	1005	30	42	72	14	17	31

续表

年份	我国上市公司发布的盈余预告样本总数（包括第一季度季报、中报、第三季度季报、年报）	符合本章数据筛选标准公司的业绩预告样本数		有效样本中业绩变脸观测值			过度自信公司样本		
		符合标准的预告中预警类型为"不确定"的样本数	年度有效样本数（包括第一季度季报、中报、第三季度季报、年报）	初次业绩预警时表现为乐观预期的样本数（1）	初次业绩预警时表现为悲观预期的样本数（2）	年度合计（3）=（1）+（2）	初次业绩预警时表现为乐观预期的样本数（4）	初次业绩预警时表现为悲观预期的样本数（5）	合计（6）=（4）+（5）
2004	1747	7	1280	38	29	67	23	16	39
2005	1748	4	1253	23	44	67	20	31	51
2006	1753	4	1240	21	29	50	11	12	23
2007	2590	73	1931	36	31	67	11	9	20
2008	2902	8	2268	90	59	149	76	30	106
2009	3065	12	2451	62	87	151	24	39	63
2010	3567	7	3118	98	29	127	50	7	57
总计	18770	122	14546	398	350	750	229	161	390

资料来源：根据 WIND 数据库相关资料整理而得。

（三）控制变量

为研究公司内部决策主体的过度自信心理偏差对上市公司股权再融资决策的影响，借鉴相关理论和实证研究文献使用的变量选取原则，最终确定选取如下对公司融资决策具有重要影响的 6 个变量作为控制变量。

1. GROWTH 代表公司面对的成长机会

本书选取托宾 Q 值对其进行度量，即用公司发行的权益证券的市场价值与净债务市场价值之和除以期末的总资产，如果涉及非流通股权，那么用流通股股价替代计算非流通股权的市值。经典的优序融资理论认为成长机会多的公司，其外部投资者与内部管理者之间围绕新增投资项目的信息存在更为严重的信息不对称现象，债权融资较之股权融资具有更强的约束力，破产风险的存在可以阻止内部管理者投资于不好的项目。因此，成长机会与股权再融资概率之间应为负相关关系。静态权衡理论的观点恰好相反，认为成长机会多的企业面临的风险也更大，此时使用债务融资所带来的财务困境成本也更高，因此，高成长性应与股权再融资概率呈正相关关系。

2. LEVERAGE 代表公司财务杠杆水平

本书选取总资产负债率对其进行度量，即用公司总负债的账面价值除以总资产的账面价值。根据权衡理论，企业会存在一个最优的资本结构，并在动态的融资过程中不断调整债务融资与权益融资的比例，以期向最优资本结构靠近。因此，公司进行再融资之前的财务杠杆水平将对其是否具有股权再融资意愿有显著的影响。

3. PROF 代表获利能力

本书选取营业利润除以年初总资产账面值对其进行度量。根据肖泽忠和邹宏（2008）的研究，我国很多上市公司会利用投资和其他偶然性收益对财务报告的利润进行盈余管理，借以满足监管当局对股份发行时所硬性规定的获利能力的要求，因此用营业利润和年初总资产账面价值的比值，而不是像通常那样使用净利润和年初总资产账面价值的比值来衡量公司的获利能力。根据优序融资理论，企业的融资顺序是首先使用内部融资，内部融资不足再使用外部融资。获利能力越强的企业，越有可能保留较多的盈余，也就可以更多地利用内部融资，减少外源融资；反之则相反。因此，获利能力应与股权再融资意愿呈负相关关系。静态权衡理论也支持这一观点，但对这种负相关关系给出的解释不同。詹森（1986）指出，一方面，获利能力强的公司缴纳税款更多，且遭遇财务困境的可能性更低，也就是说，其债务融资所带来的税盾效应更明显而相应的破产成本更低；另一方面，获利能力更强的公司面临与代理问题相关的更多的自由现金流（如管理者的在职消费），债务融资对此具有更强的约束力。因此，综合这两方面，获利能力强的公司更倾向使用债务融资。

4. OWNCON1 代表股权集中度

本书选取公司第一大股东持股比例对其进行度量，即公司第一大股东持股总数除以公司总股数。根据标准金融理论对我国市场存在的股权融资偏好提出的解释中，主流的观点之一是控股股东可以通过"隧道效应"，利用股权融资获得额外的、隐性的收益，而金融市场外部治理环境的不完善，使得这种侵害中小股东利益的行为不会得到严厉的惩罚，公司的股权集中度越高，这种惩罚就越小（张祥建、徐晋，2005；王乔、章卫东，2005 等）。因此，股权集中度应与股权再融资概率之间呈正相关关系。

5. SIZE 代表公司规模

本书选取的是期末总资产的自然对数来对其进行度量。公司规模越大，其管理越规范，信息披露制度越完善（Blazenk，1987），代理成本越低，权益融资成本更低，根据优序融资理论，公司规模应与股权再融资概率呈正相关关系。但是，从另一个角度分析，规模大的公司比规模小的公司更容易进入债务融资市场，而且规模大的公司实力更强，采用债务融资带来的税盾效应更明显，所需承担的财务困境成本更低。因此，根据静态权衡理论，公司规模应与股权再融资概率呈负相关关系。

6. INDUSTRY 代表行业特征的虚拟变量

本章选取的样本企业涉及除金融、保险业之外的 12 个行业[①]，我们安排了 11 个虚拟变量来对行业因素进行控制。

表 6 - 3 汇总列示了相关变量的代码与测算方式，表 6 - 4 列示了相关变量的描述性统计特征。

---

① 根据证监会对上市公司行业分类代码进行划分。

表 6 – 3　　　　　　　　　　　变量代码及其界定

变量代码	变量含义	变量说明
APPLY	上市公司是否表现出股权再融资意愿	只要上市公司对外部投资者公告了再融资预案，我们就认为其表现出再融资意愿，APPLY = 1，否则，对应年度内 APPLY = 0
OVERCONFI	管理者过度自信的替代变量	以上市公司公告的盈利预测信息为基础，设定如果年度内上市公司至少有一次对其经营业绩表现出过度乐观预测倾向的，则将该公司的管理层视为过度自信，令 OVERCONFI = 1，否则，对应年度内令 OVERCONFI = 0
GROWTH	成长机会	（股权市值 + 净债务市值）/期末总资产
LEVERAGE	财务杠杆	总负债/总资产
PROF	获利能力	营业利润/年初总资产的账面值
OWNCON1	股权集中度	第一大股东持股总数/公司总股数
SIZE	公司规模	期末总资产的自然对数
INDUSTRY	行业控制	虚拟变量

表 6 – 4　　　　　　　　　　变量的描述性统计特征

变量	均值	中位数	最大值	最小值	特性差
LEVERAGE	0.5872	0.53	0.8541	0.0272	0.0638
PROF	2.7547%	1.985%	89.2516%	– 12.8106%	0.05389
GROWTH	1.7599	1.3044	73.2913	0.7506	2.5801
OWNCON1	0.461	0.4039	0.6257	0.2488	0.0104
SIZE	11.2254	12.7746	16.1918	9.2854	2.0047

（四）PROBIT 面板模型的设定

基于前文分析和论证，借鉴肖泽忠、邹宏（2008）的研究方法，在控制其他影响因素的条件下，构建 Probit 面板模型来考察上市公司内部决策主体的过度自信心理偏差对其股权再融资决策的影响，具体方程如下：

$$APPLY_{it} = \alpha_{0i} + \beta_{1i}OVERCONFI_{it} + \beta_2 GROWTH_{-1it} + \beta_3 LEVERAGE_{-1it}$$

$$+ \beta_4 PROF_{it} + \beta_5 OWNCON1_{-1it} + \beta_6 SIZE_{-1it} + \sum_{j=1}^{11} \alpha_j INDUSTRY_{jit} + \varepsilon_{it}$$

$$(6.1)$$

参照 Helwege 和 Liang（1996）的处理方法，在实际估值过程中，*GROWTH*、*LEVERAGE*、*OWNCON*1 和 *SIZE* 变量均选取滞后一期的值进行估计，以降低变量的内生性对参数一致性的影响。

尽管考虑本书实证样本基本覆盖了全部上市公司，且研究结论无须进行样本外应用，因此大多数研究偏向于使用固定效应模型（陈浪南，2009），但在定性响应 PROBIT 模型中，由于非线性特征的影响，固定效应的参数估值对样本高度敏感且不显著（Greene，2000），因而我们延续肖泽忠等（2008）的处理方法，使用随机效应模型完成最终的参数估计。[1]

第四节　实证检验与结果分析

一　参数估计

为考察公司内部决策主体过度自信的非理性心理偏差对股权再融资决策的影响，本书在控制部分与公司融资决策有重要关系的变量的基础上，尝试检验管理者过度自信与公司进行股权再融资概率之间的作用过程。运用 STATA10.0 统计分析软件对 PROBIT 面板模型（6.1）进行参数估计，在表 6 - 5 中报告了相关实证检验的结果。[2]

---

① 本书同时进行固定效应模型估计发现，虽然参数估值出现了较大变化，但是，影响方向即估值符号并未出现反转，基于结构分析和行为检验的需要，可以认为，随机效应的估计结果是可信的。

② 本书还同时尝试了导入政策控制哑变量，以模拟在 2005—2007 年由于股权分置改革导致的上市公司股权再融资暂停，发现估计结果并未呈现出显著变化，所有估计系数在显著性和符号上均未发生变化，因此未报告包含政策哑变量的估计结果。

表 6 - 5　　　　　　　　**面板 PROBIT 模型参数估计结果**

变量	方程（6.1）
OVERCONFI	0.0328 * （1.81）
LEVERAGE $_{-1}$	0.1028（1.09）
PROF	- 0.0937 *** （ - 4.06）
GROWTH $_{-1}$	- 0.1441（ - 1.24）
OWNCON1 $_{-1}$	0.0062 ** （2.57）
SIZE $_{-1}$	- 0.2766 *** （ - 2.54）
INDUSTRY	控制
Z 值	17.62
Pseudo R^2	0.3471

注：表中 *** 、 ** 、 * 分别表示在 1% 、5% 、10% 的水平下显著。

二　结果分析

（一）管理者过度自信与股权融资偏好

回归结果显示，用以度量管理者过度自信的虚拟变量 OVER-CONFI 与反映公司提出股权再融资方案概率的虚拟变量 APPLY 之间相关关系在 10% 水平下显著，且系数为正，这说明公司内部决策主体的非理性心理偏差对其融资决策具有明显的影响，且管理者表现出过度自信特征的公司进行股权再融资的概率更高。这一结果与本章的研究假设相一致，同时也为哈克巴思（2008）的数理分析结论提供了实证数据的支持。其可能的解释是，根据哈克巴思（2008）的论证，权益证券的估值具有凸性，如果管理者的过度自信偏差更多地表现为低估了公司未来收益（以息税前利润度量）的风险，那么这种认知偏差将会导致管理者误认为市场高估了公司股票的价值，却低估了债券的价值，此时，在进行外源融资时会表现出与优序融资理论不同的选择，倾向于使用股权融资，即具有过度自信特征的管理层提出股权再融资预案的概率更高。

目前，运用管理者过度自信理论针对我国上市公司进行的实证研究绝大多数结论都是决策者过度自信的心理偏差将促使公司更偏好于使用债务融资（黄莲琴，2009；曲春青，2010；江伟，2010等）。本章的实证研究结论并不支持上述观点，其原因有三点：

第一，所选变量明显不同。我们在模型中选择的被解释变量与解释变量不是通常被使用的财务杠杆水平和管理者过度自信程度（余明桂等，2006；廖蕾，2009 等），或者投资规模和现金流量规模（江伟，2010），而是上市公司表现出的股权募资意愿与管理者过度自信程度。前两组变量刻画的是管理者的过度自信心理偏差与公司的融资行为结果之间的关系，而本章所使用的变量则侧重刻画的是管理者的过度自信心理偏差与公司融资意愿之间的关系。考虑到我国证券市场的实际情况，监管部门对上市公司的股权再融资行为进行了全方位、相对较严格的行政监管，而不是像发达国家市场上通常采用的法律治理模式，因此，我国上市公司已实施的融资行为并不能完全反映其募资意愿，而是对动荡不定的监管政策进行择机选择的结果。正如朱武祥（2004）指出的，我国证券市场在再融资问题上存在着"一放就乱，一收就死"的循环机制和动态均衡。因此，以是否有股权再融资预案来界定融资偏好，比以是否最终实施再融资行为作为标准，能够更好地剔除行政监管因素，相对更真实地反映公司的融资意愿。变量选择的差异导致实证结果反映的经济关系不同。

第二，短期负债的影响。我国上市公司的资本结构数据显示，2003—2010 年，流动负债占总负债的比例稳定在 80% 以上。同时，认为过度自信的管理者倾向于使用更多债务融资的文献，绝大多数也认为这种心理偏差与短期债务的使用呈显著的正相关关系。也就是说，我国上市公司所表现出的债务融资偏好可能很大程度上是由于短期债务的大规模使用。虽是同为负债，但公司使用长、短期债务的目的不同，相应地，融资决策机制也差异明显。从这个角度看，本章的实证结论与上述其他文献的结论并没有直接的冲突，只是考察的侧重点不同。

第三，对管理者过度自信的内涵界定过于笼统。穆尔和希利（Moore and Healy，2008）指出，过度自信存在三种概念和本质不同的类型之分①，若不将这一问题考虑在内，很有可能出现研究结果的不一致。但是在行为金融学目前的研究文献中只有极少数曾尝试对管理者过度自信的内涵进行细化区别，如本·戴维、格拉汉姆、哈维（2007）和哈克巴思（2008）。本书以及上述其他文献均未对此作特别的探讨，只是将心理学中的过度乐观和过度自信偏差等同对待，一并视为管理者过度自信，用这一术语来描述公司管理者出于种种原因高估公司未来投资收益的现金流均值，低估投资收益风险的行为偏差。因此，研究结论的不一致性很可能是由于对这种非理性行为偏差本身认识上的差异。事实上，到目前为止，运用管理者过度自信理论对公司融资问题研究领域中争议的普遍存在，很大一部分原因也是管理者过度自信本身概念的界定和程度度量上的不精确与方法不统一。

（二）关于控制变量

控制变量中，公司规模 SIZE 与股权再融资概率显著负相关，这与静态权衡理论结论一致，但与优序融资理论不符，从我国实际情况看，大公司相对小公司更容易获得银行贷款，也更容易利用企业债融资，因此，小公司表现出更强烈的股权融资偏好，肖泽忠、邹宏（2008）研究得出了相似的结论；反映公司获利能力的变量 PROF 也表现出负的相关性，这与资本结构的主流理论观点一致，说明获利能力越强的公司股权再融资意愿越弱。但是，与肖泽忠、邹宏（2008）研究结果相悖；变量股权集中度 OWNCON1 的系数显著为正，说明股权集中度越高的公司提出股权再融资预案的概率越高，这支持了以往对我国存在的股权再融资偏好现象的主流解释之一，即由于公司内外部治理机制的不完善，导致控股股东可以通过股权再融资行为获得大量额外、隐形的收益，股权集中度越大，这种可能的收益相应越大，而所受到的惩罚却越小，进而股权再融资

---

① 第一类过度自信称为过高估计，是指个体对自身实际能力、绩效、控制水平、成功机会的高估；第二类过度自信称为定位过高，是指个人对自身相对于他人的能力的过高估计，即表现出"优于常人"效应；第三类过度自信称为过度精确，是指个体过于肯定自身信念的精确度，即个体认为自身的信息比实际的信息更为精确。

意愿越强烈。

代表成长机会变量 GROWTH 的系数在统计上不显著，与肖泽忠、邹宏（2008）研究结论相似，说明公司的股权再融资决策与其面对的成长机会关系不大，这为我国的股权再融资偏好说提供了有力的证据，事实上，资本市场中存在的频繁、普遍的募集投向变更现象也从侧面证明了这一结论的正确性（刘少波、戴文慧，2004）；反映财务杠杆水平的变量 LEVERAGE 也与公司提出股权再融资预案概率之间不具有明显相关性，这一方面说明我国上市公司动态的募资过程中并没有一个明确的目标资本结构，另一方面这一结果用经典资本结构理论无法解释，这种异常也恰恰证明了上市公司非理性股权再融资偏好的存在。

本章小结

本章以上市公司内部决策主体存在非理性心理偏差前提，从微观视角，通过构建面板数据 PROBIT 模型，检验管理者过度自信特征对公司融资意愿生成的影响，主要结论可归结为：

第一，借鉴行为金融学研究成果，提出实证分析的基础假设，即金融市场中的外部主体完全理性，能够对公司所发行证券的内在价值做出正确的评估，而公司内部的决策主体有限理性，具体表现为存在管理者过度自信的行为偏差，同时论证了这组假设的合理性。

第二，运用管理者过度自信理论对公司融资问题的研究尚处于起步阶段，研究方法和结论分歧较大，本章围绕最优资本结构和融资顺序这两个问题对相关文献做了回顾和述评。尤其是通过对已有管理者过度自信衡量指标的比较和分析，最终选择采用以上市公司发布的盈余预测公告为基础的指标构建思路。

第三，以 2003 年 1 月 1 日至 2010 年 12 月 31 日为研究时间段，以我国 A 股市场中上市公司为研究对象，构建 PROBIT 面板模型，在控制其他影响资本结构决策的公司特征变量后，检验管理者过度自信的心理偏差与公司提出股权再融资预案概率之间的相关性。参数估计结果显示，解释变量与被解释变量之间具有显著的正相关关系，即管理者表现出过度自信心理偏差的上市公司具有更大的可能性试图进行股权再融资，这证明管理者过度自信的非理性行为偏差是我国上市公司存在股权融资偏好的影响因素之一，同时为哈克巴思（2008）的模型推导结论提供了实证数据的支持。

第四，对控制变量的系数估计结果显示，公司的股权再融资意愿与成长机会和财务杠杆水平不相关，这种明显的异常可被视为我国上市公司存在股权融资偏好的证据。

第七章　主要结论、启示与
建议及研究展望

第一节　主要结论

　　就我国上市公司表现出的股权融资偏好，学者们已经展开过广泛探讨，本书研究兴趣在于，希望借助行为金融学理论从新的视角审视这个一直被关注但始终未改善的现象，论证和检验其背后可能被忽略了的部分影响因素，尝试探寻提高我国资本市场资源配置效率的新思路。在研究对象上，本书回避了 IPO 行为，专注于公司更具主动权的外源股权再融资决策，同时扩展了视野，将可转债融资纳入探讨的范畴。在研究方法上，规范研究与实证研究并重，首先，通过梳理与分析我国金融市场和上市公司所表现出的相关现象与数据，揭示出股权再融资偏好的存在性和影响。其次，借助回顾和评述已有研究成果来厘清该主题研究脉络，明确研究突破口；此后，针对公司融资决策所面对的内、外部环境中存在的部分非理性因素进行剖析，从理论层面论证了它们对股权融资决策具有必然的显著影响。最后，以我国 A 股市场近十年来的数据为基础，构建 OLS 回归模型和面板数据的 PROBIT 模型，利用统计分析方法检验了标准金融学所忽略了的部分特定非理性因素对股权再融资决策的影响。前文已得出的主要结论可归结为如下几个方面：

　　第一，通过财务数据显示出我国上市公司资本结构特征，与发达金融市场背景下的上市公司明显不同，表现出特有的"股权融资偏好"，这种偏好对微观企业和宏观市场的发展来说，消极影响大于积极作用。同时，这种异常偏好的存在对标准金融学中的经典资本结构理论也提出挑战。虽然我国资本市场自诞生至今起已经有了跨越式的发展，但是，现状与标准金融学的假设前提仍然有巨大的差距。在更符合我国现实情况的行为金融学理论框架中，探讨上市公司股权再融资决策的影响因素，可以为解释我国的"股权融资偏好"提供新的思路，为规范资本市场的发展提供新的参考依据。

第二，内部管理者和外部投资者是公司股权再融资决策制定过程的参与主体，受固有认知偏差干扰，他们总会表现出非理性的行为特征，这些"正常而非理性"的偏差在一定程度上导致了公司融资决策的异常偏好。作为发展中的资本市场，不可否认，我们的上市公司内、外部治理机制效率较低，政府监管手段相对不成熟，政策制度动荡不定，在此背景下，经济决策参与主体的非理性行为偏差很难得到有效约束和纠正，从而成为研究公司融资决策时必须要考虑的因素。行为金融学有针对性地做了三组研究假设，本书根据我国的实际情况，阐述了其中两组假设的现实意义和研究的适用性，并将其与已有学术成果中的相关理论结合，一同构建起本书研究的理论基础，它们分别是以投资者非理性而管理者理性为前提的市场择时理论和以投资者理性而管理者非理性为前提的管理者过度自信理论。

第三，利用 2000 年 1 月至 2010 年 12 月经济数据，借助 OLS 回归模型，在控制其他相关变量后，本书从宏观层面验证了我国上市公司股权再融资决策中存在的市场择时现象。在对多种市场时机度量指标进行广泛比较基础上，结合我国证券发行监管制度的特点，根据 IPO 公司数的变化判定再融资决策所面对的热发市场或冷发市场的指标设计思路相对最符合我国金融市场的实际情况。即以样本期内 IPO 公司家数季度数据的平均值作为基准，将凡是超过该数值的月度定义为热发市场，将凡是低于该数值的月度定义为冷发市场。以此度量出的股权融资时机，既能反映由于投资者非理性行为导致的"市场误价"时机窗口，又能刻画监管当局有限理性行为所导致的融资政策时机窗口。理性的公司管理者将敏锐地发现并利用这种动态出现的低成本股权再融资时机，当这种有利的融资时机窗口由于种种原因频繁、长期存在，上市公司的反应就有可能表现为股权再融资偏好。在回归模型的构建过程中，我们尝试考察了股权分置改革对金融市场配置效率的改善效果，得出的结果在统计上不显著，这在一定程度上说明，股权分置改革作用的显现尚待时日。

第四，利用 2003 年 1 月 1 日至 2010 年 12 月 31 日的 A 股上市公司数据，借助面板数据的 PROBIT 模型，在控制了其他有关变量后，本书从微观层面检验了公司内部决策主体非理性心理偏差对股权再融资决策的影响，参数估计结果显示两者具有显著相关性。由于能力所限，我们只针对管理者众多非理性心理特征中最典型、最稳定的过度自信偏差展开探讨。在比较和借鉴以往学术成果的基础上，结合我国市场的现实情况，最终选择以公司发布的业绩预测公告信息为基础设计管理者过度自信程度的度量指标，即设定样本期内至少有一次对其经营业绩表现出过度乐观预测倾向的管理层为具有过度自信特征。在统计上表现为显著的实证结果说明，管理者过度自信的非理性行为偏差是我国上市公司存在股权融资偏好的影响因素之一，同时，也为哈克巴思（2008）的数理分析结论提供了实证数据的支持。运用管理者过度自信理论对融资问题的研究目前处于百家争鸣的状态，本书支持的观点是过度自信的心理偏差可以表现为不同形式的外在行为特征，如果更多地体现为管理者低估了公司未来收益的风险，那么在权益证券的价值比债务证券的价值对未来预期敏感性更强的前提下，管理者会误认为市场高估了其股票的价值而低估了其债券价值，从而更加倾向于选择外源股权融资的方式，表现出股权再融资偏好。

综上所述，未被标准金融学纳入研究框架之内的非理性因素客观存在于现实金融市场，并通过各种作用机制影响着上市公司的股权再融资决策。基于行为金融学理论的探讨将我们的关注点引向经济活动参与主体固有的"正常的非理性"偏差，正视它们存在的必然性，能够为规范我国上市公司长久以来的"股权再融资偏好"提供新的政策制定依据和思路。

第二节　启示与建议

本书研究证明，再融资决策各方参与主体所固有的非理性心理偏差一定程度上强化了公司的股权融资偏好。总体来说，企业这种对权益资金的过度热情弊大于利，就如何改善现状，引导金融市场更健康高效地发展，我们提出如下几个方面的政策建议。

一　优化股权融资市场环境

历经 20 年的高速发展，中国资本市场的成长举世瞩目，但基本特征仍然是"新兴加转轨"，缺陷与成绩同样突出。完善的市场基础环境，可以通过约束或激励机制修正非理性心理偏差对经济活动参与者决策的误导。

（一）健全市场机制

现代股份公司制度之所以能够成为目前公认的、资源配置效率最高的企业组织形式，依靠的并不单单是完备的内部治理结构，同时也需要高度市场化的金融环境为其提供强有力的外部治理机制。由于历史原因，我国资本市场的制度环境存在明显缺陷，影响了市场最基本的资产定价功能的发挥，"市场误价"现象常态化，恶意收购机制几乎失效，投资者所表现出的羊群效应等行为偏差加剧了市场价格的异常波动，缺乏外部约束的上市公司不会以维护全部投资者的长期利益为己任，这种背景下的现代股份公司制度有名无实，资源配置效率低下。正如吴晓求（2006）所说，具有这种内在制度缺陷的资本市场是没有生命力的。

2005 年 5 月启动的股权分置改革和 2010 年 4 月中国金融期货交易所正式挂牌交易的股票指数期货合约，是修补我国资本市场制度缺陷的重大改革举措，原意是通过它们的实施解决股权分置和单边交易的市场顽疾。不过，上述改革效果尚未达到理想状态。前者虽然从政策上取消了股权分置的状态，但仍然没有从本质上解决股权过度集中，恶意收购机制几乎失效的情况；后者由于进入门槛较高，融资融券的范围和规模有限等因素制约了其价格发现功能的发挥。我们应该在这两项具有划时代意义的改革的基础上，进一步深化市场机制建设，重点完善上市公司的退出机制，借助"优胜劣汰"的竞争力量，一方面减少非理性的噪声交易者对资产估值的影响，另一方面促使公司在制定融资决策时更重视对外部投资者利益的保护。

（二）保持适度合理的行政监管

证券市场是现代经济生活中市场化程度最高的领域，围绕证券监管是否必要的讨论从未停止。根据公共选择理论的观点，严格的管制会提高市场准入的门槛，阻碍竞争，且管制制度有可能被监管者利用，滋生"寻租"行为。不可否认监管负效应的存在，但权衡利弊之后，我们认为，在完备的市场机制和法律体系建立起来之前，针对上市公司的股权再融资行为，适度的行政监管是必需的。正如公共利益论所指出的，当市场本身是脆弱的和有缺陷时，让其独立发挥作用，运行效率并不高，此时，政府管制能够解决市场失灵问题。法律不完备性理论的提出者皮斯托（Pistor）和许成钢（2002）也认为，由于法律不可能实现最优设计，也就是说，立法者不可能全面考虑所有可能的情况，因此，金融市场，尤其是证券市场中引入监管所产生的利益可以弥补由此带来的成本。

长期以来，我国上市公司再融资，从资格取得到资金投向，要全程接受证监会审核，对于不成熟的新兴市场来说，这种强势的监管对维持市场健康、稳定起到了不可或缺的作用。但是，相关规则的考核重点偏向于历史业绩，对公司真实的资金需求情况鉴别力较差，而公司融资恰恰是为了未来的发展，融资需求与以往业绩之间没有必然的联系，监管考核手段的不完善导致再融资问题上同时存在监管过度和监管不足的情况，一方面，有良好发展前景的企业可能由于过往业绩不达标而无法获得再融资资格；另一方面，虽然历史表现不错，但缺乏好投资项目的公司却通过虚构项目进行过度融资，继而多数表现出后续资金使用效率低下。总之，当监管机构承担了超过其实际能力的责任，过多地代替投资者对公司的融资行为进行评价时，资本市场资源配置的效率就会受到干扰。随着我国金融市场基础环境的改善，当投资者能够充分利用"用手投票"和"用脚投票"的方式实现对公司行为的约束之后，再融资监管政策也应逐渐减弱其行政色彩，转而将更多的价值甄别权放给市场，保留的工作重点是监督公司的信息披露的及时性和准确性，惩治造假行为，保证投资者维权渠道的畅通。

（三）强化信息披露制度

有效市场假说重点描述的是资产价格对信息的反应效率，当由于种种原因导致价格无法全面反映全部信息，在长期内与价值发生偏离时，标准金融理论的解释力就受到限制，建立在市场非有效假设基础上的研究逐渐汇总形成了行为金融学。完善的信息披露制度有助于弱化信息不对称的局面，增强市场的有效性，从而即使不能完全消除，但也可以在很大程度上削弱非理性心理偏差对经济决策的干扰。

目前，我国证券市场已经初步建立起以财务会计信息披露为核心的强制性信息披露体系，明显缺乏的是对上市公司信息披露的权威评价机制，以及对虚假信息的严厉惩罚措施。南开大学公司治理评价课题组所发布的 2008 年中国上市公司治理评价研究报告（2011）指出，就信息披露而言，信息供应链中如果缺乏信息披露评价环节，信息供应链就不完整。如果没有这些配套措施，那么就无法保证所披露信息的及时性、可靠性和系统性，事实也证明，我国上市公司信息披露总体质量仍有待加强。鉴于金融市场的特殊性，信息不对称问题无法被彻底解决。因此，信息披露制度的建设和效果将在本质上影响甚至决定整体资本市场的资源配置效率，对其的完善和优化也将是个长期的任务。

（四）提升投资者素质

非理性心理偏差虽然是人们决策过程中普遍存在的问题，但具有不同特征人群所表现出的偏差程度是不一样的。通过加强个人投资者教育、培育和壮大机构投资者规模，能够有效提升投资者群体的整体理性程度，从而一方面弱化非理性买卖决策对资产价格的扰动，另一方面也强化二级市场应有的外部治理效力，两方面的合力将对修正我国上市公司的股权融资偏好起到积极的作用。

首先，我国资本市场一直以中小投资者为主，他们处于明显的信息弱势地位，专业投资能力不强，对资产价格波动敏感，抗风险能力较差，缺乏长期投资理念，更容易受非理性心理偏差的影响。虽然每个投资者的资产规模不大，但羊群效应使得这一群体的非理性决策助推了资产价格的非正常波动。政府在立法切实保护中小投资者利益的同时，也应注重对其行为的引导。鼓励中介机构在发展经纪业务的同时帮助中小投资者提升自身价值判断能力，减少认知偏差；合理发挥媒体作用，严格审核相关节目，突出其信息传递作用，打击其市场操控意图。

其次，培育和发展各种类型的机构投资者，如证券投资基金、保险公司、养老金等，他们的投资管理手段更加规范、专业、理性、成熟，投资理念更加科学，资金实力更大，抗风险能力更强，且具有相对的信息优势。他们的介入能够在提高市场投资者整体理性程度的同时，对上市公司的决策形成显著的外部治理压力，并进而约束管理者的非理性决策。

二 提高公司内部治理效率

我国上市公司虽然在形式上都属于现代股份公司制企业，但由于种种原因，其内部治理结构并没有充分发挥出应有的作用，代理成本高昂，对股东，尤其是外部股东的利益保护不够，创造企业长期价值的意识不足。行为金融学的研究建立在经济主体非理性和资本市场非有效基础上，但它并不否认经济主体的选择是以追求自身效用最大化为目的的，只是认知偏差导致经济主体行为选择的结果偏离了最优的方向。良好的公司内部治理状态可以从多个角度削弱非理性心理偏差对股权再融资决策的负面影响。

首先，有效的内部治理可以尽最大可能保证财务决策的科学性、严谨性，用制度来约束个人非理性心理偏差的影响，用博弈的力量来制衡群体间的非理性选择，从而弱化过度自信倾向对股权再融资热情的刺激。

其次，具有良好内部治理效率的公司，即使利用市场有利的股权再融资时机，募集了权益资金，他们也能够更高效地运用资金带动企业价值的增长，而不是低效运用造成资源浪费。同时，这种能带来股东价值增值的投、融资活动又反向促使相关证券价值的上升，减少或消除资产价格被高估的程度，最终关闭融资时机窗口，抑制公司的股权再融资热情。就现状而言，我们应以下述两方面重点问题为突破口，全面提升上市公司的内部治理效率。

（一）理顺经理人奖惩制度

经理层是公司治理与公司管理的联结点，我国上市公司对经理层，尤其是高层管理者人员的奖惩制度安排普遍没能很好地与公司市场价值相挂钩。这种现状的形成，一方面受制于外部金融市场环境的缺陷，另一方面也由于占我国上市公司市值绝大部分比重的国有控股公司一直存在委托人缺位和高层管理者职务行政化问题。不合理的奖惩制度使得管理层非理性行为偏差的成本极低，甚至变相鼓励了这种非理性选择。如过度自信的管理者更热衷于股权再融资，在没有高收益投资项目的情况下，其结果是增加了公司资产规模，但减少了股东的财富。由于管理者的利益不与其证券价值直接相关，反而会随着公司资产规模的增加而增大，因此，管理者过度自信心理偏差所激发的过度股权融资热情不但没受到利益上的惩罚，反而因此获得了好处。更市场化的奖惩制度对上述扭曲的激励关系是一种修正。

合理的绩效考核体系是完善管理层奖惩制度的关键，应弱化会计、财务指标，强化价值指标作用，除极少数特殊企业外，应尽可能淡化政治因素的干扰。建立长效激励机制，强调经理人的职业化，而非行政化，通过多种股权激励手段的综合运用，将个人利益与股东价值，尤其是外部股东财富的变动紧密相连，增加管理者非理性行为偏差的成本。此外，证券市场的监管机构应该为上市公司核心高层管理者建立职业信用档案，对其严重违规违法的行为进行记录甚至惩戒，借以弥补由于法律不健全和公司内部治理效力不足时所导致的对高层管理者行为的奖惩不足。

（二）完善以董事会为核心的公司治理结构

董事会是公司治理的核心，作为决策机构，其治理质量与公司价值密切相关。我国上市公司的董事会治理现状虽然有逐年改善的趋势，但总体水平仍不十分理想。其中，独立董事制度所应该起到的公平对待所有股东利益、促进公司科学决策的作用，对解决我国企业现阶段股权结构不合理，外部市场治理效果低下所导致的内部治理效果不佳问题会有很大的帮助，可目前并没有显示出我们所期待的效果。上市公司应选任更具管理经验的独立董事，保证独立董事的知情权，强化其对公司决策的参与度，不能使其流为没有监督力的虚职。

此外，虽然法律和公司章程赋予监事很大的监督权力，但由于种种原因，以股东代表和公司职工代表为主的监事会基本上形同虚设，公司治理结构中的制衡机制被打了折扣。在大股东利益代言人充斥董事会的背景下，应通过制度安排让监事会更多地维护中小股东的利益，通过事前、事中、事后监督，增强公司财务决策的计划、制定和执行环节的信息透明度，通过群策群议来弱化个人的非理性心理偏差对公司决策的影响，通过不同利益集团之间的博弈和制衡来修正不利于公司整体价值长期增长的财务决策。

第三节　研究展望

股权再融资决策是个经典研究主题，行为金融学是个新兴的研究方向，两者在日新月异的转轨时期中国金融市场背景下相结合，衍生出的是广阔的研究前景。基于本书已做的研究工作，我们认为，就以下几方面的问题应继续展开深入的探讨。

第一，我国上市公司表现出的股权再融资偏好受到相关经济主体非理性行为偏差影响，心理学的研究表明，这种非理性偏差是人所固有的，在这种情况下，我们更多地需要依靠合理的内、外部治理制度安排来对其进行制约。始于2005年的股权分置改革剑指我国资本市场的历史痼疾，其成功的推行对现有的资源配置机制是一种本质上的改善。由于相关政策的安排，虽然在 2007 年年底，据已完成或进入股改程序的上市公司市值占应改革上市公司总市值的比重来看，98% 的比例说明股权分置改革已经基本完成，但公司的股权要想真正实现全流通仍需时日。而且，即使理论上和政策上可以实现全流通，由于多方利益博弈等各种因素的综合影响，股权集中度过高、一股独大、国有资产所有人缺位等问题仍将长期存在，这些因素通过不同的作用机理强化了相关经济主体的非理性行为偏差，进而诱发异常的股权再融资偏好。行为金融学源于对成熟金融市场中经济主体行为的研究，其决策的制度背景与我国差异明显，因此，西方经典研究文献背景与我国市场特有的制度环境有别。综上所述，在后续研究中有两条可展开的思路：一条是在移植行为金融理论研究我国股权再融资决策时，应重点引入相关政策变量刻画我国独有的、变化的制度背景，从而增加结论的适用性和可靠性；另一条是借助对我国股权再融资决策效率的历史比较，来为股权分置改革效果的检验提供证据。

第二，目前针对人们在经济决策过程中所表现出的非理性偏差的研究尚处于起步阶段，无论是从研究广度还是深度上都不够，本书也是只涉及了其中两个典型的问题而已。未来的研究至少可以从三个角度延伸开来：

其一，关注更多不同种类的认知偏差，如证实偏差、后悔厌恶、羊群效应等，已有研究证明上述非理性的心理偏差与众多金融异象有密切的关系，甚至是主要诱因，但在就股权再融资决策问题研究中尚未做过直接考虑。

其二，探讨不同决策主体非理性行为之间的互动效应。公司股权再融资决策是众多经济主体之间相互博弈的结果，本书研究是在控制住其他影响因素的基础上单纯就某一方的非理性偏差做了讨论，未来应在更贴近现实的互动博弈框架下进行更全面的分析，如同时假设外部投资者是非理性的，公司内部决策者也是非理性的；再如，分别考察公司经理层、监事会和董事会的非理性偏差，探寻它们之间的博弈结果对公司资本结构的影响，等等。

其三，辩证地研究非理性因素对公司融资决策的影响。在金融学中，"非理性"不应是个贬义词，它只是用来反映人们认知能力的常态，但目前的研究更多的关注点在相关非理性行为偏差的消极影响上，不可否认的是积极影响也广泛存在，如哈克巴思（2008）就通过数理推导证明过度自信的管理者比理性的管理者能够更早做出投资决策，从而减弱投资不足的情况，适度的偏差能够帮助管理者获得更高的收益。未来的研究应进一步细分内、外部环境中的非理性因素对公司股权再融资决策不同方向的影响。

第三，结合我国国情，探寻更具表现力的非理性程度度量指标。无论是根据市场时机理论，还是管理者过度自信理论所进行的实证研究，其重点和难点都是能否设计出精确度量投资者或管理者非理性程度的指标。本书在对以往文献进行广泛比较、深入剖析之后，选择了最具现实适用性、缺陷最少的考核指标设计思路，但它们并不是最理想、最完美的，未来应在这方面继续探索。

参考文献

一　中文文献

［1］〔美〕博迪·兹维、默顿·C.罗伯特：《金融学》，伊志宏等译，中国人民大学出版社 2004 年版。

［2］毕金玲：《股权再融资问题研究思想脉络及其演变》，《财会通讯》2009 年第 6 期。

［3］毕金玲：《上市公司股权再融资偏好研究综述》，《财会月刊》2009 年第 9 期。

［4］毕金玲：《上市公司股权再融资方式选择研究》，博士学位论文，东北财经大学，2010 年。

［5］陈晓、单鑫：《债务融资是否会增加上市企业的融资成本?》，《经济研究》1999 年第 9 期。

［6］陈舒予：《过度自信与公司治理》，博士学位论文，厦门大学，2008 年。

［7］才静涵、刘红忠：《市场择机理论与中国市场的资本结构》，《经济科学》2006 年第 4 期。

［8］〔美〕戴维·迈尔斯：《社会心理学》，张智勇等译，人民邮电出版社 2007 年版。

［9］〔美〕道格拉斯·C.诺斯、罗伯斯·托马斯：《西方世界的兴起》，厉以平、蔡磊译，华夏出版社 2009 年版。

［10］董梁：《我国股票市场投资者六种非理性心理研究》，《现代管理科学》2003 年第 11 期。

［11］邓晓峰：《我国上市公司可转债融资问题探讨》，硕士学位论文，江西财经大学，2010 年。

［12］ 邓路、王珊珊：《中美两国非公开发行制度对比研究》，《财政研究》2010 年第 3 期。

［13］ 邓路：《中国上市公司增发新股融资制度演进综述》，《财政研究》2010 年第 12 期。

［14］ 方媛：《公司治理与债务融资结构互动效应分析》，《财会通讯》（理论版）2007 年第 6 期。

［15］ 管征：《上市公司股权再融资偏好的非理性成因研究》，《南京师大学报》（社会科学版）2005 年第 6 期。

［16］ 管征、范从来：《信息不对称与上市公司股权再融资偏好》，《金融理论与实践》2006 年第 3 期。

［17］ 管征、卞志村、范从来：《增发还是配股？上市公司股权再融资方式选择研究》，《管理世界》2008 年第 1 期。

［18］ 郭翠荣、李文君：《股改后上市公司股权融资偏好实证研究》，《山东大学学报》（哲学社会科学版）2011 年第 1 期。

［19］ ［美］赫什·舍夫林：《行为公司金融：创造价值的决策》，郑晓蕾译，中国人民大学出版社 2007 年版。

［20］ 黄少安、张岗：《中国上市公司股权融资偏好分析》，《经济研究》2001 年第 1 期。

［21］ 韩德宗、李艳荣：《我国上市公司再融资顺序的实证研究》，《财经论丛》2003 年第 1 期。

［22］ 郝颖、刘星、林朝南：《我国上市公司高层管理者人员过度自信与投资决策的实证研究》，《中国管理科学》2005 年第 5 期。

［23］ 黄莲琴：《管理者过度自信与公司融资行为研究》，博士学位论文，厦门大学，2009 年。

［24］ 黄莲琴、傅元略、屈耀辉：《管理者过度自信、税盾拐点与公司绩效》，《管理科学》2011 年第 4 期。

［25］ 贾国军：《基于行为金融理论的上市公司融资决策研究》，博士学位论文，河北大学，2008 年。

［26］ 江伟：《管理者过度自信，融资偏好与公司投资》，《财贸研究》2010 年第 1 期。

[27] 江伟：《董事长过度自信对上市公司融资偏好行为的影响》，《经济管理》2010年第2期。

[28] 姜付秀、张敏、陆正飞、陈才东：《管理者过度自信、企业扩张与财务困境》，《经济研究》2009年第1期。

[29] 吕长江、王克敏：《上市公司股利政策的实证分析》，《经济研究》1999年第12期。

[30] 李心丹：《行为金融学：理论及中国的证据》，上海三联书店2004年版。

[31] 李心丹：《行为金融理论：研究体系及展望》，《金融研究》2005年第1期。

[32] 李国重：《资本结构与市场择机：中国上市公司横截面数据的证明》，《中央财经大学学报》2006年第8期。

[33] 李如胜：《我国上市公司股权结构与资本结构的关系研究》，博士学位论文，暨南大学，2008年。

[34] 李小平、岳亮、万迪昉：《基于股票换手率的市场时机与外部融资方式选择研究——来自中国A股上市公司的经验证据》，《运筹与管理》2008年第1期。

[35] 李文君：《我国上市公司股权融资偏好研究——基于控制权成本收益的研究》，博士学位论文，山东大学，2009年。

[36] 李靖、胡振红、马如静：《股权结构对股权再融资行为的影响研究》，《江汉论坛》2009年第2期。

[37] 陆正飞、高强：《中国上市公司融资行为研究——基于问卷调查的分析》，《会计研究》2003年第10期。

[38] 陆正飞、叶康涛：《中国上市公司股权融资偏好解析》，《经济研究》2004年第4期。

[39] 陆正飞、高强：《中国上市公司融资选择情况调查问卷分析》，北京大学出版社2005年版。

[40] 陆宇建：《上市公司基于配股权的盈余管理行为实证分析》，《南京社会科学》2002年第3期。

[41] 陆蓉、徐龙炳：《"牛市"和"熊市"对信息的不平衡性反应

研究》，《经济研究》2004 年第 3 期。

[42] 廖蕾：《管理者过度自信对企业投融资决策影响的实证研究》，硕士学位论文，重庆大学，2009 年。

[43] 刘志彪、姜付秀、卢二坡：《资本结构与产品市场竞争强度》，《经济研究》2003 年第 7 期。

[44] 刘少波、戴文慧：《我国上市公司募集资金投向变更研究》，《经济研究》2004 年第 5 期。

[45] 刘端、陈健、陈收：《市场时机对融资工具选择的影响》，《系统工程》2005 年第 8 期。

[46] 刘澜飚、李贡敏：《市场择时理论的中国适用性——基于 1998—2003 年上市公司的实证分析》，《财经研究》2005 年第 11 期。

[47] 林凡：《中国上市公司融资偏好内部影响因素实证研究》，《经济管理》2005 年第 11 期。

[48] 刘星、郝颖、林朝南：《再融资政策、市场时机与上市公司资本结构——兼析股权融资偏好的市场条件》，《科研管理》2007 年第 4 期。

[49] 刘力、张圣平、张峥等：《信念、偏好与行为金融学》，北京大学出版社 2007 年版。

[50] 牟晖、韩立岩、谢朵等：《中国资本市场融资顺序新证：可转债发行公告效应研究》，《管理世界》2006 年第 4 期。

[51] 马莉：《上市公司股权再融资的市场时机效应研究》，硕士学位论文，华东师范大学，2010 年。

[52] 南开大学公司治理研究中心公司治理评价课题组：《中国上市公司治理评价研究报告（2008）》，商务印书馆 2011 年版。

[53] 潘敏、郭厦：《资本结构动态权衡理论述评》，《经济学动态》2009 年第 3 期。

[54] 钱颖一：《企业的治理结构改革和融资结构改革》，《经济研究》1995 年第 1 期。

[55] 钱颖一：《理解现代经济学》，《经济社会体制比较》2002 年

第 2 期。

[56] 齐寅峰、向冠春、黄福广等：《我国企业融资行为的调查研究分析》，《中国会计评论》2005 年第 12 期。

[57] 屈耀辉、傅元略：《优序融资理论的中国上市公司数据验证——兼对股权融资偏好再检验》，《财经研究》2007 年第 2 期。

[58] 曲春青：《管理者过度自信对公司金融决策影响的实证研究》，博士学位论文，东北财经大学，2010 年。

[59] 乔培林：《我国上市公司股权融资偏好研究》，硕士学位论文，山西财经大学，2011 年。

[60] 饶育蕾：《行为金融学的意义与应用前景》，《管理评论》2003 年第 5 期。

[61] 饶育蕾、张轮：《行为金融学》，复旦大学出版社 2005 年版。

[62] 饶育蕾、王建新：《CEO 过度自信、董事会结构与公司业绩——来自中国上市公司的经验证据》，《第三届中国管理学年会论文集》，长沙，2008 年 11 月。

[63] 沈艺峰：《资本结构理论史》，经济科学出版社 1999 年版。

[64] 沈艺峰：《公司控制权市场理论的现代演变（上）——美国三十五个州反收购立法的理论意义》，《中国经济问题》2000 年第 2 期。

[65] ［美］斯蒂芬·A. 罗斯等：《公司理财》，吴世农、沈艺峰、王志强等译，机械工业出版社 2010 年版。

[66] ［美］斯科特·普劳斯：《决策与判断》，施俊琦、王星译，人民邮电出版社 2004 年版。

[67] 史永东、朱广印：《管理者过度自信与企业并购行为的实证研究》，《金融评论》2010 年第 2 期。

[68] 苏同华：《行为金融学教程》，中国金融出版社 2006 年版。

[69] 束景虹：《机会窗口、逆向选择成本与股权融资偏好》，《金融研究》2010 年第 4 期。

[70] 宋献中、李诗田、魏立江：《股权分置改革与上市公司配股融

资的公告效应》，《经济评论》2009 年第 3 期。

[71] 孙颖：《基于公司治理的我国上市公司非理性融资问题研究》，硕士学位论文，河北大学，2010 年。

[72] 童勇：《资本结构的动态调整和影响因素》，《财经研究》2004 年第 10 期。

[73] 唐蓓：《行为公司金融理论视角下的中国上市公司并购投融资行为研究》，博士学位论文，山东大学，2009 年。

[74] 唐洋：《股权再融资认购选择、政府控制与上市公司恶性增资行为研究》，博士学位论文，南开大学，2009 年。

[75] 汤胜：《中国上市公司股权再融资的时机选择行为研究》，博士学位论文，暨南大学，2006 年。

[76] 汪辉：《上市公司债务融资、公司治理与市场价值》，《经济研究》2003 年第 8 期。

[77] 王美今、孙建军：《中国股市收益、收益波动与投资者情绪》，《经济研究》2004 年第 10 期。

[78] 王乔、章卫东：《股权结构、股权再融资行为与绩效》，《会计研究》2005 年第 9 期。

[79] 王亚平、杨云红、毛小元：《上市公司选择股票增发的时间吗？——中国市场股权融资之谜的一种解释》，《金融研究》2006 年第 12 期。

[80] 王瑶：《上市公司融资决策的行为金融分析》，中国人民大学出版社 2007 年版。

[81] 王正位、朱武祥、赵冬青：《发行管制条件下的股权再融资市场时机行为及其对资本结构的影响》，《南开管理评论》2007 年第 6 期。

[82] 王鲁平、马建民：《控制效度因子与优序融资理论模型修正》，《西安交通大学学报》2008 年第 6 期。

[83] 王霞、张敏、于富生：《管理者过度自信与企业投资行为异化——来自我国证券市场的经验证据》，《南开管理评论》2008 年第 11 期。

[84] 王志强、李博:《IPO市场择机对公司资本结构的持续效应研究》,《证券市场导报》2009年第3期。

[85] 万解秋:《企业融资结构研究》,复旦大学出版社2001年版。

[86] 吴晓求:《股权分置改革的若干理论问题——兼论全流通条件下中国资本市场的若干新变化》,《财贸经济》2006年第2期。

[87] 吴超鹏、吴世农、郑方镳:《管理者行为与连续并购绩效的理论与实证研究》,《管理世界》2008年第7期。

[88] 肖作平:《资本结构影响因素和双向效应动态模型——来自中国上市公司面板数据的证据》,《会计研究》2004年第2期。

[89] 肖虹:《公司融资决策行为价值论》,中财政经济出版社2006年版。

[90] 肖泽忠、邹宏:《中国上市公司资本结构的影响因素和股权融资偏好》,《经济研究》2008年第6期。

[91] 奚恺元:《别做正常的傻瓜》,机械工业出版社2006年版。

[92] 徐焱军、刘国常:《上市公司股权再融资前后季度的盈余管理》,《经济与管理研究》2009年第8期。

[93] 袁国良、郑江淮、胡志乾:《我国上市公司融资偏好和融资能力的实证研究》,《管理世界》1999年第3期。

[94] 袁天荣:《我国上市公司股权融资行为的思考》,《财务与会计》(综合版)2003年第1期。

[95] 阎达五、耿建新、刘文鹏:《我国上市公司配股融资行为的实证研究》,《会计研究》2001年第9期。

[96] 岳续华:《控制权收益与股权再融资偏好》,《经济与管理研究》2007年第12期。

[97] 于窈、李纾:《"过分自信"的研究及其跨文化差异》,《心理科学进展》2006年第14期。

[98] 余莉莉:《上市公司股权再融资的时机选择研究》,硕士学位论文,浙江大学,2009年。

[99] 余明桂、夏新平、邹振松:《管理者过度自信与企业激进负债

行为》，《管理世界》2006 年第 8 期。

[100] 易勇：《再融资监管政策下的市场择机效应的实证检验》，硕士学位论文，厦门大学，2009 年。

[101] 叶蓓、袁建国：《经理人过度自信、不对称信息与企业投资决策》，《财会月刊》2008 年第 11 期。

[102] 袁媛：《中国上市公司再融资问题研究》，硕士学位论文，山东大学，2006 年。

[103] 章卫东、周伟武：《上市公司定向增发新股融资与可转换债券融资比较研究》，《经济评论》2010 年第 1 期。

[104] 张维迎：《公司融资结构的契约理论：一个综述》，《改革》1995 年第 4 期。

[105] 张祥建、徐晋：《股权再融资与大股东控制的"隧道效应"——对上市公司股权再融资偏好的再解释》，《管理世界》2005 年第 11 期。

[106] 朱武祥：《行为公司金融理论及其发展》，《经济学动态》2003 年第 4 期。

[107] 朱武祥、成九雁：《股票发行市场管制放松与市场萎缩"悖论"——股票市场进入管制的一个动态模型》，学术报告，清华大学经济管理学院，2004 年。

[108] 朱广印：《管理者过度自信与公司金融决策的实证研究》，博士学位论文，东北财经大学，2010 年。

[109] 周战强：《行为金融理论与应用》，清华大学出版社 2004 年版。

[110] 中国证券监督管理委员会：《中国资本市场发展报告》，中国金融出版社 2008 年版。

[111] 邹振松、夏新平、余明桂：《基于"非理性管理层假说"的行为公司金融研究述评》，《华东经济管理》2006 年第 9 期。

[112] 曾康霖、徐子尧：《信息不对称视角下我国可转换债券融资研究》，《财贸经济》2008 年第 4 期。

二 英文文献

[1] Asquith, P., Mullins, D. W., "Signaling with Dividends, Stock Repurchases, and Equity Issues", *Financial Management*, Vol. 2, 1986, pp. 27 – 44.

[2] Armen Hovakimian, Tim Opler, Sheridan Timan, "The Debt – equity Choice", *Journal of Financial and Quantitative Analysis*, Vol. 36, 2001, pp. 1 – 24.

[3] Aydogan Alti, "How Persistent is The Impact of Market Timing on Capital Structure?", *Journal of Finance*, Vol. 61, No. 4, 2006, pp. 1681 – 1710.

[4] Ayla Kayhan, Sheridan Titman, "Firms' Histories and Their Capital Structure", *Journal of Financial Economics*, Vol. 83, No. 1, 2007, pp. 1 – 32.

[5] Anand M. Goel, Anjan V. Thakor, "Overconfidence, CEO Selection and Corporate Governance", *Journal of Financial Economics*, Vol. 63, No. 6, 2008, pp. 2737 – 2784.

[6] Brennan, M., Kraus, A., "Efficient Financing under Asymmetric Information", *Journal of Finance*, Vol. 42, 1987, pp. 1225 – 1243.

[7] Barberis Nicholas, Thaler, Richard H., "A Survey of Behavioral Finance" (September 2002), Available at SSRN: http://ssrn.com/abstract = 327880.

[8] Barber, Brad M., Odean Terrance, "Boys Will be Boys: Gender, Overconfidence, and Common Stock Investment", *The Quarterly Journal of Economics*, Vol. 2, 2001, pp. 261 – 292.

[9] Bernardo, A., Welch, I., "On the Evolution of Overconfidence and Entrepreneurs", *Journal of Economics and Management Strategy*, Vol. 10, No. 3, 2001, pp. 301 – 330.

[10] Brander James, Lewis Tracy, "Bankruptcy and Financial Structure: The Limited Liability Effect", *American Economic Review*, Vol. 76, 1986, pp. 956 – 970.

[11] Barros Lucas, Ayres B. de C. Silveira, Alexandre Di Miceli, "O-verconfidence, Managerial Optimism and the Determinants of Capital Structure" (February 25, 2007), Available at SSRN: http: //ssrn. com/abstract = 953273 .

[12] Ben - David Itzhak, Harvey, Campbell R. , Graham, John R. , "Managerial Overconfidence and Corporate Policies " (December 2007), NBER Working Paper, No. 13711, Available at SSRN: http: //ssrn. com/abstract = 1079308.

[13] Bertrand, M. , Schoar, A. , "Managing with Style: the Effect of Managers on Firm Policies", *The Quarterly Journal of Economics*, Vol. 118, No. 4, 2003, pp. 1169 - 1208.

[14] Brown Rayna, Sarma Neal, "CEO Overconfidence, CEO Dominance and Corporate Acquisitions", *Journal of Economics and Business*, Vol. 5462, 2007, pp. 1 - 22.

[15] Camerer, C. F. , Lovallo, D. , "Overconfidence and Excess Entry: An Experimental Approach", *American Economic Review*, Vol. 89, No. 1, 1999, pp. 306 - 318.

[16] Hackbarth Dirk, "Determinants of Corporate Borrowing: A Behavioral Perspective" (January 31, 2009), 14th Annual Utah Winter Finance Conference, Available at SSRN: http: //ssrn. com/abstract = 575922.

[17] Hackbarth Dirk, "Managerial Traits and Capital Structure Decisions", *Journal of Finance and Quantitative Analysis*, Vol. 43, No. 4, 2008, pp. 843 - 882.

[18] Diamond, D. , "Reputation Acquisition in Debt Markets", *Journal of Political Economy*, Vol. 88, 1989, pp. 288 - 307.

[19] De Bondt, W. , Thaler, R. H. , "Financial Decision - Making in Markets and Firms: A Behavioral Perspective", NBER Working Paper No. 4777 (June 1994), Available at NBER: http: // www. nber. org/papers/w4777.

[20] Denis, D., Sarin, A., "Is the Market Surprised by Poor Earnings Realizations Following Seasoned Equity Offerings?", *Journal of Financial and Quantitative Analysis*, Vol. 36, 2001, pp. 169 – 193.

[21] Deshmukh Sanjay, Goel, Anand M., Howe, Keith M., "CEO Overconfidence and Dividend Policy" (March19, 2008), *Journal of Financial Intermediation*, Forthcoming, Available at SSRN: http: //ssrn. com/abstract = 1107542 .

[22] Fama, E. F., French, K. R., "Testing Tradeoff and Pecking Order Predictions about Dividends and Debt", *Review of Financial Studies*, Vol. 15, 2002, pp. 1 – 33.

[23] Fama, E. F., French, K. R., "Financing Decisions: Who Issue Stock?", *Journal of Financial Economics*, Vol. 76, 2005, pp. 549 – 582.

[24] Fischhoff, B., Slovic, P., Lichtenstein, S., "Knowing with Certainty: The Appropriateness of Extreme Confidence", *Journal of Experimental Psychology*, Vol. 3, 1977, pp. 552 – 564.

[25] Frank, M. Z., Goyal, V. K., "Testing the Pecking Order Theory of Capital Structure", *Journal of Financial Economics*, Vol. 67, 2003, pp. 217 – 248.

[26] Fraser, Stuart, Greene J. Francis, "The Effects of Experience on Entrepreneurial Optimism and Uncertainty", *Economica*, Vol. 73, 2006, pp. 169 – 192.

[27] Fairchild, R. J., "The Effect of Managerial Overconfidence, Asymmeric Information, and Moral Hazard on Capital Structure Decisions", *Journal of Behavioral Finance*, Vol. 2, No. 4, 2005, pp. 1 – 25.

[28] Grossman, Sanford J., Hart, Oliver D., "Corporate Financial Structure and Managerial Incentives", *The Economics of Information and Uncertainty*, edited by John McCall, Chicago: University

of Chicago Press, 1982, pp. 107 – 140.

[29] Griffin, D., Tversky, A., "The Weighting of Evidence and the Determinats of Confidence", *Cognitive Psychology*, Vol. 24, 1992, pp. 411 – 435.

[30] Gervais, S., Goldstein, I., "The Positive Effects of Biased Self – perceptions in Firms", *Review of Finance*, Vol. 11, No. 3, 2007, pp. 453 – 496.

[31] Gervais Simon, Heaton, J. B., Odean Terrance, "Overconfidence, Investment Policy and Executive Stock Options", Rodney L. White Center for Financial Research Working Paper No. 15 – 02 (July 24, 2003), Available at SSRN: http://ssrn.com/abstract = 361200.

[32] Gombola, M., Marciukaityte, D., "Managerial Overoptimism and the Choice Between Debt and Equity Financing", *Journal of Behavioral Finance*, Vol. 8, No. 4, 2007, pp. 225 – 235.

[33] Glaser Markus, Schäfers Philipp, Weber Martin, "Managerial Optimism and Corporate Investment: Is the CEO Alone Responsible for the Relation?" (October 30, 2008), AFA 2008 New Orleans Meetings Paper, Available at SSRN: http://ssrn.com/abstract = 967649.

[34] Goldstein, R. S., Ju, N., Leland, H. E., "An EBIT – based Model of Dynamic Capital Structure", *Journal of Business*, Vol. 74, 2001, pp. 483 – 512.

[35] Harris, M., Raviv, A., "Corporate Control Contest and Capital Structure", *Journal of Financial Economics*, Vol. 20, 1988, pp. 55 – 86.

[36] Harris, M., Raviv, A., "Capital Structure and the Information Role of Debt", *Journal of Finance*, Vol. 45, 1990, pp. 321 – 349.

[37] Harris, M., Raviv, A., "The Theory of Capital Structure", *Journal of Finance*, Vol. 46, 1991, pp. 297 – 355.

[38] Hirshleifer, D. , Thakor, A. V. , "Managerial Reputation, Project Choice and Debt", Working Paper, SSRN, 1989.

[39] Heinkel, R. , "The Role of Debt and Preferred Stock as a Solution to Adverse Investment Incentives", *Journal of Financial and Quantitative Analysis*, Vol. 25, 1990, pp. 1 – 24.

[40] Hayward, A. , Hambrick, C. , "Explaining the Premiums Paid for Large Acquistions: Evidence of CEO Hubris", *Administrative Science Quarterly*, Vol. 42, 1997, pp. 103 – 127.

[41] Heaton, J. B. , "Managerial Optimism and Corporate Finance", *Financial Management*, Vol. 31, 2002, pp. 33 – 45.

[42] Haugen, Robert A. , *The Inefficient Stock Market*, Upper Saddle River: Prentice Hall, 1999.

[43] Helwege, J. , Liang, N. , "Is There a Pecking Order? Evidence from a Panel of IPO Firms", *Journal of Financial Economics*, Vol. 40, No. 3, 1996, pp. 429 – 458.

[44] Henderson, B. J. , Jegadeesh, N. , Weisbach, M. S. , "World Markets for Raising New Capital", *Journal of Financial Economics*, Vol. 82, No. 1, 2006, pp. 63 – 101.

[45] Huang Rongbing, Ritter, Jay R. , "Testing Theories of Capital Structure and Estimating the Speed of Adjustment", *Journal of Financial and Quantitative Analysis*, Vol. 44, No. 2, 2009, pp. 237 – 271.

[46] Hribar Paul, Yang Holly, "CEO Overconfidence and Management Forecasting " (March 1, 2015), Contemporary Accounting Research, Forthcoming, Available at SSRN: http: //ssrn. com/abstract = 929731.

[47] Israel, R. , "Capital Structure and The Market for Corporate Control: The Defensive Role of Debt Financing", *Journal of Finane*, Vol. 46, 1991, pp. 1391 – 1409.

[48] Jensen, M. C. , W. H. Meckling, "Theory of The Firm: Manage-

rial Behavior, Agency Costs, and Capital Structure", *Journal of Financial Economics*, Vol. 3, 1976, pp. 305 – 360.

[49] Jensen, M. C. , "The Agency Costs of Free Cash Flow: Corporate Finance and Takeovers", *American Economic Review*, Vol. 76, No. 2, 1986, pp. 1 – 14.

[50] Jensen, M. C. , "The Modern Industry Revolution, Exit, and the Failure of Internal Control Systems", *Journal of Finance*, Vol. 48, 1993, pp. 831 – 880.

[51] James C. Brau, Stanley E. Fawcett, "Initial Public Offerings: An Analysis of Theory and Practice", *Journal of Finance*, Vol. 61, 2006, pp. 399 – 436.

[52] John, R. Graham, Campbell R. Harvey, "The Theory and Practice of Corporate Finance: Evidence from the Field", *Journal of Financial Economics*, Vol. 60, 2001, pp. 187 – 243.

[53] John, Doukas, Dimitris Petmezas, "Acquisitions, Overconfident Managers and Self – attribution Bias", *European Financial Management*, Vol. 13, No. 3, 2007, pp. 531 – 577.

[54] Kruger, J. , "Lake Wobegon be Gone! The 'Below – average Effect' and the Egocentric Nature of Comparative Ability Judgments", *Journal of Personality and Social Psychology*, Vol. 77, 1999, pp. 221 – 232.

[55] Krasker S. William, "Stock Price Movements in Response to Stock Issues under Asymmetric Information", *Journal of Finance*, Vol. 61, 1986, pp. 93 – 105.

[56] Kevin C. W. Chen, Hongqi Yuan, "Earnings Management and Capital Resource Allocation: Evidence from China's Accounting Based Regulation of Rights Issues", *The Accounting Review*, Vol. 79, No. 3, 2004, pp. 645 – 665.

[57] Kirchler, E. , B. Maciejovsky, "Simulator Over – and – Under – Confidence: Evidence from Experimental Asset Markets", *Journal*

of Risk and Uncertainty, Vol. 25, 2002, pp. 65 – 85.

[58] Leland, H. E. , Pyle, D. H. , "Information Asymmetries, Financial Structure, and Financial Intermediation", *Journal of Financial Economics*, Vol. 38, 1997, pp. 371 – 387.

[59] Landier, Augustin, David Thesmar, "Financial Contracting with Optimistic Entrepreneurs: Theory and Evidence", *The Review of Financial Studies*, Vol. 22, No. 1, 2009, pp. 117 – 150.

[60] Langevoort, D. C. , "Monitoring: The Behavioral Economics of Corporate Compliance with Law", *Columbia Business Law Review*, Vol. 71, 2002, pp. 71 – 118.

[61] Lee, J. W. , Yates, J. F. , Shinotsuka, H. , "Cross – national Differences in Overconfidence", *Asian Journal of Psychology*, Vol. 1, 1995, pp. 63 – 68.

[62] Lin, Y. , Hu, S. , Chen, M. , "Testing Pecking Order Prediction from the Viewpoint of Managerial Optimism", *Pacific – Basin Finance Journal*, Vol. 16, 2008, pp. 160 – 181.

[63] Lemmon, Michael L. , Roberts, Michael R. , Zender, Jaime F. , "Back to the Beginning: Persistence and the Cross – Section of Corporate Capital Structure" (December 31, 2006), Available at SSRN: http: //ssrn. com/abstract = 881899.

[64] Modigliani, F. , Miller, M. H. , "The Cost of Capital, Corporation Finane and The Theory of Investment", *American Economic Review*, Vol. 53, 1958, pp. 261 – 297.

[65] Miller, Dale T. , Ross Michael, "Self – serving Biases in Attribution of Causality: Fact or Fiction", Psychology *Bulletin*, Vol. 82, No. 2, 1975, pp. 213 – 225.

[66] Malmendier Urike, Geoffrey Tate, "CEO Overconfidence and Corporate Investment", *Journal of Finance*, Vol. 60, 2005a, pp. 2661 – 2700.

[67] Malmendier Urike, Geoffrey Tate, "Does Overconfidence Affect Corpo-

rate Investment? CEO Overconfidence Measures Revisited", *European Financial Management*, Vol. 11, No. 5, 2005b, pp. 649 – 659.

[68] Malmendier Urike, Geoffrey Tate, "Who Makes Acquisitions? CEO Overconfidence and the Market's Reaction", *Journal of Financial Economics*, Vol. 1, 2008, pp. 20 – 43.

[69] Morck Randall, "Behavioral Finance in Corporate Governance – Independent Directors and Non – Executive Chairs", Working Paper, SSRN, 2007.

[70] Myers, S. C., Majluf, N. S., "Corporate Financing and Investment Decisions When Firms Have Information That Investors Do Not Have", *Journal of Financial Economics*, Vol. 13, 1984, pp. 187 – 221.

[71] Myers, S. C., "The Capital Structure Puzzles", *Journal of Finance*, Vol. 39, 1984, pp. 575 – 592.

[72] Malcolm Baker, Jeffrey Wurgler, "The Equity Share in New Issue and Aggregate Stock Return", *Journal of Finance*, Vol. 55, 2000, pp. 271 – 288.

[73] Malcolm Baker, Jeffrey Wurgler, "Market Timing and Capital Structure", *Journal of Finance*, Vol. 57, No. 1, 2002, pp. 1 – 32.

[74] Malcolm Baker, Jeffrey Wurgler, "A Catering of Dividends", *Journal of Finance*, Vol. 59, 2004, pp. 271 – 288.

[75] Malcolm Baker, Richard. S. Ruback, Jeffrey Wurgler, "Behavioral Corporate Finance: A Survey" (September 29, 2005), Available at SSRN: http://ssrn.com/abstract = 602902.

[76] Moore, D., Healy, P. J., "The Trouble with Overconfidence", *Psychological Review*, Vol. 115, No. 2, 2008, pp. 502 – 517.

[77] Morck Randall, "Behavioral Finance in Corporate Governance – Independent Directors and Non – Executive Chairs" (May 2004), Harvard Institute of Economic Research Discussion Paper No. 2037, Available at SSRN: http://ssrn.com/abstract = 527723.

[78] Schill J. Michael, "Sailing in Rough Water: Market Volatility and

Corporate Finance", *Journal of Corporate Finance*, Vol. 10, No. 5, 2004, pp. 659 – 681.

[79] Narayanan, M. P. , "Debt Versus Equity under Asymmetric Information", *Journal of Financial and Quantitative Analysis*, Vol. 23, 1988, pp. 39 – 51.

[80] Noe Thomas, "Capital Structure and Signaling Game Equilibrium", *Review of Financial Studies*, Vol. 1, 1988, pp. 331 – 356.

[81] Pistor Katharina, Xu Chenggang, "Incomplete Law – A Conceptual and Analytical Framework and Its Application to the Evolution of Financial Market Regulation", *Journal of International Law and Politics*, Vol. 35, No. 4, 2003, pp. 931 – 1013.

[82] Pistor Katharina, Xu Chengang, "Governing Stock Markets in Transition Economies: Lessons from China", *American Law and Economics Review*, Vol. 7, 2005, pp. 184 – 210.

[83] Peng W. Mike, Zhang Shujun, Li Xinchun, "CEO Duality and Firm Performance during China's Institutional Transitions", *Management and Organization Review*, Vol. 3, 2007, pp. 205 – 225.

[84] Oliver, Barry R. , "The Impact of Management Confidence on Capital Structure" (August 2005), Available at SSRN: http://ssrn.com/abstract = 791924.

[85] Oskamp, S. , "Overconfidence in Case Study Judgements", *Journal of Consulting Psychology*, Vol. 29, 1965, pp. 261 – 265.

[86] Ross, S. , "The Determination of Financial Structure: The Incentive Signaling Approach", *Bell Journal of Economics*, Vol. 8, 1977, pp. 23 – 40.

[87] Rajan, G. , Raghuram, Zingales L. , "What Do We Know about Capital Structure? Some Evidences from International Data", *Journal of Finance*, Vol. 50, 1995, pp. 1421 – 1460.

[88] Ritter, Jay R. , "The Long – run Performance of Initial Public Offerings", *Journal of Finance*, Vol. 46, 1991, pp. 3 – 27.

[89] Ritter, Jay R. , Welch Ivo, "A Review of IPO Activity, Pricing, and Allocations", *Journal of Finance*, Vol. 57, No. 4, 2002, pp. 1795 – 1828.

[90] Roll, Richard, "The Hubris Hypothesis of Corporate Takeovers", *Journal of Business*, Vol. 59, No. 2, 1986, pp. 197 – 216.

[91] Robert A. Taggart, "A Model of Corporate Financing Decisions", *Journal of Finance*, Vol. 32, No. 5, 1977, pp. 1467 – 1484.

[92] Roger G. Ibbotson, Jody L. Sindelar, Ritter, Jay R. , "Initial Public Offerings", *Journal of Applied Corporate Finance*, Vol. 1, 1988, pp. 37 – 45.

[93] Stein, J. C. , "Rational Capital Budgeting in An Irrational World", *Journal of Business*, Vol. 69, 1996, pp. 429 – 455.

[94] Stulz, R. , "Managerial Control of Voting Rights: Financing Policies and The Market for Corporate Control", *Journal of Financial Economics*, Vol. 20, 1988, pp. 25 – 54.

[95] Schipper, K. , "Commentary on Earnings Management", *Accounting Horizons*, Vol. 3, 1989, pp. 91 – 102.

[96] Shefrin Hersh, "Behavioral Corporate Finance", *Journal of Applied Corporate Finance*, Vol. 14, No. 3, Fall 2001, Available at SSRN: http://ssrn.com/abstract = 288257.

[97] Shleifer, A. Andrei, *Inefficient Markets: An Introduction to Behavioral Finance*, London: Oxford University Press, 2000.

[98] Shiller J. Robert, "From Efficient Markets Theory to Behavioral Finance", *Journal of Economic Perspectives*, Vol. 17, 2003, pp. 83 – 104.

[99] Shym – Sunder, L. , Myers, S. C. , "Testing Static Tradeoff Against Pecking Order Models of Capital Structure", *Journal of Financial Economics*, Vol. 51, 1999, pp. 219 – 244.

[100] Stapleton, R. C. , "Taxes, The Cost of Capital and the Theory of Investment", *The Economic Journal*, Vol. 328, 1972, pp. 1273 – 1292.

[101] Wright, G. N. , L. D. Phillips, Whalley, G. T. et al. , "Cultural Differences in Probabilistic Thinking", *Journal of Cross – cultural Psychology*, Vol. 9, 1978, pp. 285 – 299.

[102] Wright, G. N. , L. D. Phillips, "Cultural Variation in Probabilistic Thinking: Alternative Ways of Dealing with Uncertainty", *International Journal of Psychology*, Vol. 15, 1980, pp. 239 – 257.

[103] Wallace, R. S. O. , Naser, K. , "Firm – specific Determinants of the Comprehensiveness of Mandatory Disclosure in the Corporate Annual Reports of Firms Listed on the Stock Exchange of Hong Kong", *Journal of Accounting and Public Policy*, Vol. 14, 1995, pp. 311 – 368.

[104] Weinstein, N. D. , "Unrealistic Optimism about Future Life Events", *Journal of Personality and Social Psychology*, Vol. 5, 1980, pp. 806 – 820.

[105] Welch Ivo, "Capital Structure and Stock Returns", *Journal of Political Economy*, Vol. 112, No. 1, 2004, pp. 106 – 131.

[106] Yates, J. F. , Lee, J. W. , Shinotsuka, H. , "Cross – cultural Variations in Probability Judgement Accuracy: Beyond General Knowledge Overconfidence", *Organizational Behavior and Human Decision Processes*, Vol. 74, 1998, pp. 89 – 117.

[107] Yates, J. F. , Zhu, Y. , Ronis, D. L. et al. , "Probability, Judgment Accuracy: China, Japan, and the United States", *Organizational Behavior and Human Decision Processes*, Vol. 43, 1989, pp. 147 – 171.

后　记

当全书定稿之时，心中涌起的并不是我一直期待的欣喜、兴奋、轻松感，而是淡淡的惆怅和不舍，就这样了吗？最初选择这个题目是兴趣使然，在后续写作过程中，思考的艰辛、数据整理的烦琐、实证结果不理想的困扰……种种困难磨砺着我的意志，同时也让我反思和认清了自己能力与学识的不足之处。跌跌撞撞一路走来，当不懈的努力有了些许令人欣慰的收获，当研究的快乐慢慢地多于思索的痛苦，书稿也到了该定稿的时候。掩卷沉思，跃然脑中的不仅仅是本书可能的贡献，更多的是不足和未尽的研究设想。本书是我对相关问题探索的阶段性成果，也为我勾勒出未来继续研究的思路框架，从这个新的起点出发，希望我能走得更远。

本书是在我博士论文基础上修改而成，定稿之际，遥想初来东财，为了一睹大师风采，曾和同学相约满校园搜寻林继肯教授的身影，那时未敢奢望多年后能够有幸拜师林老门下攻读博士学位。"学为人师，行为世范"，导师用他朴素的言行向我诠释着这句话深刻的含义，教导我该怎样做人、做事、做学问。师从林继肯教授，我不但得到导师在学业上悉心指教和无私帮助，更找到了值得一生效仿的楷模。师恩永不忘！同时，我也要向师母诸葛其润教授致以深深的谢意，师母长久以来对我的关爱和鼓励给了我莫大的温暖，点点滴滴学生都将铭记在心。

在多年求学和工作中，金融学院的领导和老师们给予了我巨大的支持和帮助。感谢我的硕士生导师王振山教授十年来的指教和提点；感谢院长邢天才教授在工作和生活上的屡次相助；感谢李秉祥教授、史永东教授、孙刚教授、刘军善教授、赵进文教授、王志强教授、路妍教授、王月溪教授、范立夫教授、关山雁副教授以及所有传授过我知识给予过我帮助的老师们，从你们身上我汲取了成长的养分，你们的支持是我能走到今天所不可或缺的力量。

感谢我所有的同学和同事，一路走来，你们的扶持帮我跨过脚下的坎坷，你们的情谊将是我珍藏一生的财富，人生旅途上，很庆幸能与君同行。

感谢我挚爱的亲人们，感谢上天赐予的缘分让我今生能和你们共同创造生活、分享生活，你们给了我太多无私的关爱和默默的支持，你们让我拥有源自心底的力量，太多的太多无法言表，在未来岁月中，唯愿我的努力能让你们更加幸福和快乐，我爱你们！

最后，感谢中国社会科学出版社经济与管理中心卢小生主任，在卢老师的耐心指教下，本书才得以顺利付梓。感谢东北财经大学数学学院的潘祺志老师，本书在模型构建和数据处理过程中，多次得到潘老师的指导和帮助。感谢所有花费心血评阅本书的专家、朋友们，由于个人能力所限，书中必有疏漏，诚请各位专家、朋友批评斧正，后续的研究工作中，我将继续认真修改完善。

连英祺

2016 年 7 月